# WHO'S AFRAID OF PREPOSITIONS?

ISRAEL JELIN

# WHO'S AFRAID OF PREPOSITIONS?

preposições
locuções prepositivas e
adverbiais em inglês

DISAL
EDITORA

Preparação de texto: Juliane Kaori
Revisão: Renato Potenza

Capa: Rosana Martinelli
Projeto gráfico: Verba Editorial
Diagramação: Pedro Carvalho

Dados Internacionais de Catalogação na Publicação (CIP)
(Câmara Brasileira do Livro, SP, Brasil)

Jelin, Israel
Who's afraid of prepositions? / Israel Jelin. — Barueri, SP : DISAL, 2010.

ISBN 978-85-7844-056-5

1. Inglês — Gramática 2. Inglês — Preposições. I. Título.

10-06591 CDD-425

Índice para catálogo sistemático:
1. Preposições : Inglês : Linguística 425

DISAL EDITORA



Alameda Mamoré 911 – cj. 107
Alphaville – BARUERI – SP
CEP: 06454-040
Tel. / Fax: (11) 4195-2811
Visite nosso site: www.disaleditora.com.br
Televendas: (11) 3226-3111

Fax gratuito: 0800 7707 105/106
E-mail para pedidos: comercialdisal@disal.com.br

# Introdução

Preposições são aquelas palavras de uma ou duas sílabas (up, with, against etc.) que são usadas antes de um substantivo, um pronome, uma *-ing form* ou uma ***wh-clause***, como se pode ver nos seguintes exemplos:

> The girl ***with*** the curly hair is Peter's girl-friend.
> 'Don't cry ***for*** me, Argentina.'
> They escaped ***by*** digging a hole in the wall.
> ***From*** what he said I could deduce he was desperate.

Normalmente, a maior carga de significado de uma sentença não está nas preposições. No entanto, elas não podem ser ignoradas, uma vez que exprimem as mais diversas ideias, tais como lugar, direção, destino, tempo, duração e modo, entre outras.

Com exceção das preposições de lugar e direção, que podem ser visualizadas e, portanto, aprendidas através de diagramas, as demais, por estabelecerem relações mais abstratas, devem ser estudadas em contexto.

Embora curtinhas, as preposições inspiram muito medo aos estudantes de inglês. Por quê?

Em primeiro lugar, há muito mais preposições em inglês do que em português. Em português temos cerca de 20, em inglês há mais de 50! Para "até", por exemplo, o inglês dispõe das palavras ***until***, ***till***, ***as far as*** e ***by***. Para "em", é possível usar ***in***, ***on*** ou ***at***.

Não obstante, apenas nove dessas preposições são responsáveis por mais de 90% das vezes em que elas são usadas, segundo levantamento do Hunter College Reading/Writing Center.

| | | |
|---|---|---|
| ***with*** | ***at*** | ***by*** |
| ***to*** | ***in*** | ***for*** |
| ***from*** | ***of*** | ***on*** |

Outro ponto importante é que não há uma correspondência exata entre as preposições inglesas e as portuguesas. Uma pessoa pode ser muito popular *entre* os seus colegas de trabalho. Em inglês, tal pessoa será "popular *with* his colleagues". Em outras palavras, muitas vezes será inútil saber qual a preposição a ser usada em português, pois em inglês a preposição não será a mesma.

Além disso, nem sempre o uso de uma determinada preposição pode ser explicado em termos lógicos. *Out of* significa "fora de", mas o que dizer de "She only said yes *out of* pity."?

Este livro aborda as preposições em três frentes: as preposições propriamente ditas (*in*, *for*, *to* etc.), as locuções prepositivas (*at the end of*, *in addition to* etc.) e as locuções adverbiais (*at any cost*, *by all means* etc.)

# PREPOSIÇÕES

## ABOUT

A

### sobre, a respeito de

*I knew nothing **about** him.*
Eu não sabia nada a respeito dele.

### em volta de

*My grandma put her arms **about** me and started to cry.*
Minha avó me abraçou e começou a chorar.

### aproximadamente, mais ou menos

*Aids patients occupy **about** 60 percent of all beds at Saint John's Hospital.*
Os pacientes com Aids ocupam cerca de 60% dos leitos no Hospital Saint John.

### em vários lugares, espalhados

*By midnight there were only twelve guests and they were scattered **about** the gardens of the manor house.*
À meia noite só havia doze convidados e eles estavam espalhados pelos jardins da mansão.

## ABOVE

### acima, sobre

*The portrait of Sir Archibald Palmer hung* ***above*** *the fireplace.*
O retrato de Sir Archibald Palmer estava pendurado sobre a lareira.

## ACCORDING TO

### de acordo com, conforme

*'Eat* ***according to*** *appetite,' my mother used to say.*
"Coma de acordo com o seu apetite", minha mãe sempre dizia.

## ACROSS

### através

*We were informed that roads* ***across*** *the country are now clear.*
Fomos informados de que as estradas que passam pelo interior agora estão desimpedidas.

### em todo, por todo

***Across*** *Brazil, schools differ greatly in their teaching methods.*
Por todo o Brasil, as escolas têm métodos de ensino muito diferentes.

### do outro lado, em frente

*The church was directly **across** the street from the barber's.*
A igreja ficava em frente à barbearia.

### de largura

*The plank on the kitchen table was about one meter **across**.*
O tampo da mesa da cozinha tinha aproximadamente um metro de largura.

### horizontal (em palavras cruzadas)

*I can't do 6 **across**.*
Eu não sei fazer a 6 horizontal.

## AFTER

### depois

***After** the war, Tom got a job at his uncle's farm.*
Depois da guerra, Tom arranjou um emprego na fazenda do seu tio.

### atrás

*I wanted to run **after** her and ask her who she was, but I didn't.*
Eu quis correr atrás dela e perguntar quem ela era, mas eu não corri.

em busca de, atrás

*Now I know that those boys were not **after** apples.*
Hoje eu sei que aqueles meninos não estavam atrás das maçãs.

## AGAINST

contra

*We knew it was a race **against** the clock.*
Nós sabíamos que era uma corrida contra o relógio.

## ALONG

ao longo de, por

*He told the police he had seen the woman slowly walking **along** the aisle of the church.*
Ele contou à polícia que tinha visto a mulher andando lentamente pelo corredor da igreja.

em

*Go straight on **along** this road, then turn right. The post-office is on the left. You can't miss it.*
Siga por esta rua, daí vire à direita. O correio fica do lado esquerdo. Não tem como não ver.

juntamente

*Apparently, the size of dinosaurs changed **along** with the vegetation.*

Aparentemente, o tamanho dos dinossauros mudou juntamente com a vegetação.

junto

*Don't forget to take your raincoat **along**.*
Não se esqueça de levar a capa de chuva junto.

## AMID(ST)

em meio a

*The four survivors of the blaze left hospital **amid** emotional scenes.*
Os quatro sobreviventes do incêndio saíram do hospital em meio a cenas carregadas de emoção.

## AMONG(ST)

entre

***Among** other things, he's an excellent cook.*
Entre outras coisas, ele é um excelente cozinheiro.

## APART FROM

exceto, além de

*No one had ever seen the list **apart from** the family lawyer.*
Ninguém jamais tinha visto a lista com exceção do advogado da família.

## APROPOS OF

### a propósito de, com referência a

*'It won't work,' Mr. Travis remarked* ***apropos of*** *the government's latest initiative to review pension plans.*
"Não vai funcionar", observou o senhor Travis a respeito da mais recente iniciativa do governo de rever os planos de aposentadoria.

## AROUND

### em torno de, ao redor de

*The area* ***around*** *the church played host to hundreds of swallows and starlings.*
A área em torno da igreja abrigava centenas de andorinhas e estorninhos.

### aproximadamente, cerca de

*According to a survey published last week,* ***around*** *two in twelve smokers in the United States will develop some kind of cancer in the next ten years.*
De acordo com uma pesquisa publicada na semana passada, aproximadamente dois em cada 12 fumantes nos Estados Unidos vão desenvolver algum tipo de câncer nos próximos dez anos.

### em vários lugares, em várias direções, por

*As soon as I got off the train I started walking* ***around*** *the streets looking for work.*

Assim que eu desci do trem, comecei a andar pelas ruas à procura de trabalho.

## AT

a, em

***at** the airport* (no aeroporto); ***at** the bank* (no banco); ***at** breakfast* (no café); ***at** the club* (no clube); ***at** Christmas* (no Natal); ***at** dawn* (ao amanhecer); ***at** dinner* (no jantar); ***at** the doctor's* (no médico); ***at** Easter* (na Páscoa); ***at** a funeral* (num enterro); ***at** home* (em casa); ***at** lunch* (no almoço); ***at** the moment* (no momento); ***at** night* (à noite) ***at** a party* (numa festa); ***at** school* (na escola); ***at** work* (no trabalho)

## ATOP

sobre, em cima, em

*The view from **atop** the Empire State Building is fantastic!*
A vista do alto do Empire State Building é fantástica!

## BAR

B

exceto

*Everyone agreed to the proposition **bar** old Mr. Thompson.*
Todos concordaram com a proposta, menos o velho senhor Thompson.

## BARRING

### a menos que haja

*Nothing* ***barring*** *a major catastrophe can prevent Brazil from winning the World Cup.*
A não ser que ocorra uma catástrofe, nada poderá impedir o Brasil de conquistar a Copa do Mundo.

## BECAUSE OF

### por causa de

*Astronauts have to keep their food in tubes* ***because of*** *gravitational force.*
Os astronautas têm de manter a comida dentro de tubos por causa da gravidade.

## BEFORE

### antes de

*August comes* ***before*** *September.*
Agosto vem antes de setembro.

### diante de, na frente de

*He solemnly proclaimed the Republic* ***before*** *the people gathered in front of the palace.*
Ele solenemente proclamou a República diante do povo reunido em frente ao palácio.

## BEHIND

### atrás de

*The dog was sleeping* ***behind*** *the sofa.*
O cachorro estava dormindo atrás do sofá.

## BELOW

### abaixo

*Temperatures in Alaska are usually* ***below*** *zero.*
As temperaturas no Alasca em geral ficam abaixo de zero.

## BENEATH

### embaixo, sob

*Some insects hide themselves* ***beneath*** *the surface of the soil.*
Alguns insetos escondem-se embaixo da superfície do solo.

### abaixo, inferior

*In her mother's opinion, she had married* ***beneath*** *her.*
Na opinião de sua mãe, ela havia se casado com alguém de condição social inferior .

## BESIDE

ao lado de, próximo a

*He laid his glasses on the table **beside** his bed.*
Ele pôs os óculos na mesinha ao lado da cama.

## BESIDES

além de

***Besides** being an accomplished painter, Da Vinci was also a scientist and an inventor.*
Além de ser um excelente pintor, Da Vinci era também um cientista e um inventor.

## BETWEEN

entre

***Between** you and me, I've never trusted him.*
Cá entre nós, eu nunca confiei nele.

## BEYOND

além

*He was the first man to ever make contact with the people living **beyond** the river Xing.*
Ele foi o primeiro homem a fazer contato com as pessoas que viviam além do rio Xing.

fora de

*I'm afraid the situation is* ***beyond*** *control.*
Receio que a situação esteja fora de controle.

acima (da compreensão)

*Frankly, what she did is* ***beyond*** *me.*
Sinceramente, o que ela fez está acima da minha compreensão.

## BUT

exceto, menos

*She's everything* ***but*** *selfish.*
Ela é tudo menos egoísta.

## BUT FOR

se não fosse por, com exceção de

***But for*** *the setting, the musical was a disaster.*
Com exceção do cenário, o musical foi uma porcaria.

## BY

perto, ao lado de

*When I saw him he was standing* ***by*** *the police car.*
Quando eu o vi ele estava parado ao lado do carro da polícia.

antes, até

*We must all meet* **by** *eight p.m. sharp.*
Temos de estar reunidos até no máximo as 8 da noite em ponto.

por

*The poor dog was run over* **by** *a van.*
O pobre cão foi atropelado por um furgão.

de (autoria)

*I've read all of Shakespeares's comedies except* As You Like It.
Eu li todas as comédias de Shakespeare, com exceção de *Como quiserdes.*

durante

*He sleeps by day and works* **by** *night.*
Ele dorme durante o dia e trabalha à noite.

C

## CIRCA

aproximadamente, em torno de

*The restoration of the church was carried out* **circa** *1845.*
A restauração da igreja foi efetuada por volta de 1845.

## CONCERNING

### referente, concernente, relativo

*There have been rumors* ***concerning*** *the bankruptcy of the multinational company General Motors.*
Tem havido boatos a respeito da falência da multinacional General Motors.

## DESPITE

D

### a despeito de, apesar de

***Despite*** *what everybody says, I still think the man is innocent.*
Apesar de tudo que estão dizendo, eu ainda acho que o homem é inocente.

## DOWN

### movimento para baixo

*Put the gun* ***down*** *slowly and raise your hands.*
Ponha o revólver no chão devagar e levante as mãos.

### em direção ao sul

*He drove all the way* ***down*** *from Recife to São Paulo.*
Ele veio dirigindo de Recife até São Paulo.

## ao longo de

*As I walked **down** the street, people kept pointing and laughing at me.*
Enquanto eu caminhava pela rua, as pessoas apontavam para mim e riam.

## embaixo

*'Is Rose **down** yet?' 'No, she's still in bed.'*
"A Rose já desceu?" "Não, ela ainda está dormindo."

## em desvantagem

*Yesterday Brazil came from two goals **down** to win Confederations Cup.*
Ontem o Brasil partiu com dois gols de desvantagem para conquistar a Copa das Confederações.

## de entrada

*This car will be yours for only 800 dollars **down** plus twelve installments of 185 dollars.*
Este carro será seu por 800 dólares de entrada mais 12 prestações de 185 dólares.

## de cima para baixo

*The tableware is in the third drawer **down**.*
Os talheres estão na terceira gaveta de cima para baixo.

## DURING

durante

*Toxoplasmosis can be very dangerous if a woman catches the infection **during** pregnancy.*
A toxoplasmose pode ser muito perigosa se uma mulher pega a infecção durante a gravidez.

## EXCEPT

E

exceto, menos, a não ser

*Everything was silent, **except** for the noise of the waves crashing against the rocks.*
Estava tudo quieto, exceto pelo barulho das ondas batendo contra as rochas.

## EXCEPTING

com exceção de

*The document was signed by all the delegates, **excepting** the Cuban consul.*
O documento foi assinado por todos os delegados, com exceção do cônsul cubano.

## EXCLUDING

com exceção de, excluindo

*Net profit grew by 34%, **excluding** taxes.*
O lucro líquido cresceu 34%, excetuando-se os impostos.

F

## FOLLOWING

depois

***Following** the 11/9 terrorist attacks, anti-Muslim sentiment has risen dramatically in Western countries.*
Após os ataques terroristas de 11 de setembro, o sentimento antimuçulmano aumentou muito nos países do Ocidente.

## FOR

para

*'This is **for** you,' he said.*
"Isto é para você", ele disse.

por

*Varginha, in Minas Gerais, became renowned **for** unidentified flying object sightings.*
Varginha, em Minas Gerais, tornou-se famosa pelos objetos voadores não identificados que foram avistados na região.

### há

*Don and I have known each other **for** forty years!*
Eu e o Don nos conhecemos há 40 anos!

### durante

*She worked there **for** five years.*
Ela trabalhou lá durante cinco anos.

### a favor

*Are you **for** or against the death penalty?*
Você é a favor ou contra a pena de morte?

### no lugar de, como

*She used a fork **for** a weapon but was soon overpowered.*
Ela usou uma faca como arma, mas foi logo dominada.

## FROM

### de

*Where are you **from**?*
De onde você é?

## FURTHER

### com referência a, em relação a

***Further** to your job interview yesterday, I am pleased to inform you that you have been selected for the position.*

Com referência à sua entrevista de trabalho de ontem, tenho o prazer de informá-lo que você foi escolhido para o cargo.

G

## GIVEN

### considerando, por causa de

***Given** the result of the test, they will have to reconsider the issue.*
Dado o resultado do teste, eles terão de reconsiderar o assunto.

## GONE

### mais que

*'What time is it?' 'It's **gone** three o'clock.'*
"Que horas são?" "Já passa das três."

I

## IN

### em, dentro (lugar)

***in** my wallet* (na minha carteira); ***in** her bedroom* (no quarto dela); ***in** Washington, D.C.* (em Washington); ***in** Brazil* (no Brasil)

### em, dentro (tempo)

***in** the afternoon* (de tarde); ***in** May* (em maio); ***in** the winter* (no inverno); ***in** 2011* (em 2011); ***in** the 21st* *century* (no século XXI); ***in*** *three days' time* (daqui a três dias)

## INCLUDING

inclusive

*Parts of the medieval church's walls still survive,* ***including*** *the 1423 wooden altar.*
Parte dos muros da igreja medieval ainda está de pé, inclusive o altar de madeira de 1423.

## INSIDE

dentro, do lado de dentro

*Nothing was found* ***inside*** *the house except a vase of artificial flowers.*
Nada foi encontrado dentro da casa, exceto um vaso de flores artificiais.

## IN SPITE OF

apesar de, a despeito de

***In spite of*** *what everybody says, I still think the man is innocent.*
Apesar de tudo que estão dizendo, eu ainda acho que o homem é inocente.

## INTO

em, dentro

*She led the visitors* ***into*** *the hall in complete silence.*
Em completo silêncio, ela conduziu os visitantes para dentro do salão.

## IRRESPECTIVE OF

independentemente de

*Hospital care is open to every man, woman and child,* ***irrespective of*** *race, religion or sexual orientation.*
O atendimento hospitalar é aberto a todos os homens, mulheres e crianças, independentemente de raça, religião ou orientação sexual.

L

## LIKE

como

*If you think I'm* ***like*** *you, you are completely mistaken.*
Se você está pensando que eu sou como você, você está redondamente enganado.

N

## NEAR

perto, próximo

*They were staying in a hotel* ***near*** *Venice.*
Eles estavam hospedados em um hotel perto de Veneza.

## NEXT

próximo a, ao lado de

*If you wish, you can have Beth's room,* ***next*** *to mine.*
Se você quiser, pode ficar com o quarto da Beth, ao lado do meu.

## NOTWITHSTANDING

apesar de, a despeito de

***Notwithstanding*** *the need for more investigation, the evidence collected was greeted with optimism.*
A despeito da necessidade de investigações mais aprofundadas, as evidências colhidas foram recebidas com otimismo.



## OF

de

*Would you like a cup* ***of*** *tea?*
Gostaria de uma xícara de chá?

## OFF

a uma certa distância

*I recognized him when his beard fell* ***off****.*
Eu o reconheci quando sua barba caiu.

### longe, sem necessidade

*'It's God that keeps me **off** drugs now,' said Whitney Houston in an interview.*
"É Deus que me mantém longe das drogas", declarou Whitney Houston em uma entrevista.

### menos, com desconto de

*Madison's is now offering their cellphones at 50% **off** over this weekend!*
As lojas Madison estão oferecendo celulares com um desconto de 50% neste fim de semana!

## ON

### em, sobre (lugar)

*His body was found lying **on** the kitchen floor.*
Seu corpo foi encontrado no chão da cozinha.

### em (tempo)

*My son was born **on** September 21st.*
Meu filho nasceu no dia 21 de setembro.

## ONTO

### em, sobre

*The conjuror walked into the stage and tossed his top hat **onto** a chair.*
O mágico entrou no palco e jogou sua cartola sobre uma cadeira.

## OPPOSITE

### em frente

*She smiled as she sat* ***opposite*** *me.*
Ela sorriu ao sentar-se na minha frente.

## OUT OF

### com, de

*The prisoner made a rope* ***out of*** *sheets and pillowcases, and managed to escape.*
O prisioneiro fez uma corda com lençóis e fronhas e conseguiu escapar.

### em

*'Nine* ***out of*** *ten' is a song written by Caetano Veloso.*
"Nove em cada dez" é uma música de autoria de Caetano Veloso.

### fora, para fora

*The poor boy fell* ***out of*** *bed twice on the same night.*
O pobre garoto caiu da cama duas vezes na mesma noite.

### por causa de, por

*He admitted he had acted* ***out of*** *vengeance.*
Ele admitiu que tinha agido por vingança.

sem, desprovido

*The sign outside the gas station read 'Sorry,* ***out of*** *gas'.*
O cartaz fora do posto dizia: "Desculpe, acabou a gasolina".

## OUTSIDE

fora, do lado de fora, em frente

*He was mugged* ***outside*** *his house on Greenway Street.*
Ele foi assaltado em frente à sua casa na rua Greenway.

## O'ER

sobre, em cima

*'Love reign* ***o'er*** *me' is a song by The Who.*
"Que o amor reine sobre mim" é uma música do The Who.

## OVER

sobre, em cima

*He hung the chart* ***over*** *the blackboard.*
Ele pendurou o gráfico sobre o quadro-negro.

mais que, mais de

*She must be* ***over*** *fifty now.*
Ela deve estar com mais de 50 anos agora.

durante

*She managed to read* War and Peace ***over*** *the weekend!*
Ela conseguiu ler *Guerra e Paz* no fim de semana!

sobre, a respeito de

*We had a stupid quarrel* ***over*** *the baby's name last night.*
Nós tivemos uma briga estúpida a respeito do nome do bebê ontem à noite.

## PAST

P

depois, mais tarde

*It was* ***past*** *midnight when he came home.*
Já era mais de meia-noite quando ele chegou em casa.

além, após

*The convenience store is just* ***past*** *the railway station.*
A loja de conveniência fica logo depois da estação de trem.

## PENDING

à espera de, até

*One of the archaeologists said they were suspending the excavations* ***pending*** *a final decision by the minister of Tourism.*
Um dos arqueólogos disse que eles iriam suspender as escavações à espera da decisão final do ministro do Turismo.

## PUSHING

próximo, perto

*She must be **pushing** 50 now.*
Ela deve estar perto dos 50 agora.

R

## REGARDING

com relação a, com respeito a

*I don't want to raise false hopes **regarding** your father's illness.*
Eu não pretendo levantar falsas esperanças a respeito da doença do seu pai.

## REGARDLESS OF

independentemente de

*It's always a thrill to hook a fish, **regardless of** its size.*
É sempre uma emoção fisgar um peixe, independentemente do seu tamanho.

## ROUND

ao redor de, em volta de

*His documentary shows details of their voyage **round** Cape Horn.*
Seu documentário revela detalhes da sua viagem ao redor do Cabo Horn.

em todos os lugares, em várias partes

*As everybody sat down the beer jug was passed* ***round****.*
Assim que todo mundo se sentou, a jarra de cerveja foi passada de mão em mão.

S

## SAVE

salvo, exceto

*What he told us was a surprise to everyone* ***save*** *doctor Weber, who had seen it several times.*
O que ele nos contou foi uma surpresa para todo mundo, com exceção do doutor Weber, que já tinha visto aquilo várias vezes.

## SINCE

desde

*I haven't met her* ***since*** *she left the company.*
Eu não a vejo desde que ela saiu da empresa.

desde então

*They left for Canada on March 5 and have been traveling ever* ***since****.*
Eles partiram para o Canadá no dia 5 de março e estão viajando desde então.

T

## THROUGH

### através, por, por dentro

*The boy was trying to see her undress* ***through*** *the keyhole of her bedroom.*
O menino estava tentando vê-la tirar a roupa pelo buraco da fechadura do seu quarto.

### por toda a parte

*They decided to backpack* ***through*** *Australia.*
Eles resolveram fazer um mochilão pela Austrália.

### por meio de, através

*I met a girl last week* ***through*** *a friend of mine.*
Eu conheci uma garota semana passada por intermédio de um amigo meu.

### por causa de, em virtude de

*He lost the election* ***through*** *arrogance.*
Ele perdeu a eleição por sua arrogância.

### de uma data a outra

*The exhibition will be open to the public from July 5 to August 7.*
A exposição estará aberta ao público de 5 de julho a 7 de agosto.

## THROUGHOUT

### em toda parte

*The A(H1N1) virus seems to be spreading **throughout** the country.*
O vírus A(H1N1) parece que está se espalhando por todo o país.

### durante o tempo todo

*The President-elect promised that fighting corruption will be a major priority **throughout** his administration.*
O presidente eleito prometeu que o combate à corrupção será uma prioridade em seu governo.

## TILL

### até (tempo)

*She won't leave **till** we get back.*
Ela não irá embora até nós voltarmos.

## TO

### a, para, com

*They go **to** church every Sunday.*
Eles vão à igreja todo domingo.
*The whole story sounds fishy **to** me.*
A história toda soa muito suspeita para mim.

***To** my disappointment, she said she wouldn't come with us.*
Para minha decepção, ela disse que não viria conosco.

*It's twenty **to** six now.*
São 20 para as 6 agora.

*You shouldn't have been so rude **to** him.*
Você não devia ter sido tão grosseiro com ele.

*Aerobics is often done **to** the sound of music.*
Aeróbica em geral é praticada ao som de música.

*I woke up the other night **to** the sound of thunder.*
Uma noite dessas eu acordei com o estrondo de um trovão.

*The Adriatic Sea is **to** the east of Italy.*
O Mar Adriático fica a leste da Itália.

## TOWARD(S)

### na direção de

*The path seemed to lead **towards** the lake.*
O caminho parecia ir em direção ao lago.

### com relação a

*He always showed a tendency **towards** optimism when assessing our chances of victory.*
Ele sempre demonstrou uma tendência ao otimismo ao analisar nossas chances de vitória.

próximo a um determinado momento

*It was getting **towards** lunchtime, and I was starving!*
Já era quase hora do almoço e eu estava morrendo de fome!

## UNDER

U

### embaixo, debaixo

*I found her lying **under** a tree reading a book.*
Eu a encontrei deitada debaixo de uma árvore lendo um livro.

### sob

*If the governor is being investigated **under** suspicion of corruption, he should resign.*
Se o governador está sendo investigado sob suspeita de corrupção, ele deveria renunciar.

### abaixo de um certo número

*All over the world millions of children **under** five do not get proper health care.*
Em todo mundo, milhões de crianças com menos de cinco anos de idade não recebem tratamento médico adequado.

### de acordo com

*Nowadays in Brazil women are not required **under** law to adopt their husband's name.*
Hoje no Brasil as mulheres não precisam mais, de acordo com a lei, adotar o sobrenome do marido.

## UNDERNEATH

### embaixo, debaixo

*He was wearing his pyjamas **underneath** his clothes.*
Ele estava usando um pijama por baixo da roupa.

## UNLIKE

### diferentemente, ao contrário

***Unlike** a lot of critics, I thought the play was very good.*
Ao contrário de muitos críticos, eu achei a peça muito boa.

## UNTIL

### até (tempo)

*She won't leave **until** we get back.*
Ela não irá embora até nós voltarmos.

## UNTO

### para

*'Dust thou art, and **unto** dust shalt thou return.'* (Genesis *3:19)*
"Tu és pó e ao pó hás de voltar." (*Gênesis* 3:19)

### até

*The secret will be sealed away* ***unto*** *the day of Redemption.*
O segredo ficará guardado até o dia da Redenção.

## UP

### movimento para cima

'Put ***up*** your arms,' said the policeman.
"Ponha os braços para cima", disse o policial.

### no alto, no topo

*They lived in a small cottage* ***up*** *a hill.*
Eles moravam num pequeno chalé no alto de uma colina.

### em direção ao norte

*She called to say she was driving* ***up*** *from Geneva and would arrive on Friday.*
Ela ligou para dizer que estava vindo de Genebra e chegaria na sexta-feira.

### até, em direção a

*She ran* ***up*** *to him in the hope of getting his autograph.*
Ela correu até ele na esperança de conseguir um autógrafo.

completamente

*She drank* ***up*** *her tea and left the room.*
Ela bebeu todo o chá e saiu da sala.

## UPON

em, sobre, em cima de

*All of a sudden he climbed* ***upon*** *his motorbike and rode off.*
De repente, ele montou na moto e foi embora.

no momento em que

*The band was received* ***upon*** *arrival at the airport by hundreds of screaming fans.*
Ao chegar ao aeroporto, a banda foi recebida por centenas de fãs que gritavam sem parar.

V

## VERSUS

versus, contra

*Last Saturday we had a game of soccer: teachers* ***versus*** *students.*
Sábado passado nós fizemos um jogo de futebol: professores contra alunos.

## VIA

### via, por

*Would you rather go to Cologne **via** Munich or Frankfurt?*
Você prefere ir para Colônia via Munique ou Frankfurt?

### via, por meio de

*A significant percentage of advertising now comes **via** email.*
Uma percentagem significativa de publicidade agora chega até nós via email.

## VIS-À-VIS

### em relação a

*Our government is disappointed at the United States' agenda **vis-à-vis** South America.*
Nosso governo está decepcionado com a posição dos Estados Unidos em relação à América do Sul.

## WITH

W

### com

*He came here **with** his father.*
Ele veio aqui com o pai dele.

*The burglar broke the door open **with** a crowbar.*
O ladrão arrombou a porta com um pé de cabra.

*Who's that tall girl **with** glasses?*
Quem é aquela menina alta de óculos?

*You may leave the baggage **with** the porter.*
Você pode deixar a bagagem com o porteiro.

*He raised his hand **with** determination.*
Ele ergueu o braço com segurança.

*My mother speaks Portuguese **with** a strong Russian accent.*
Minha mãe fala português com um forte sotaque russo.

*What's the matter **with** you?*
O que está acontecendo com você?

*He's in bed **with** mumps.*
Ele está de cama com caxumba.

## WITHIN

### dentro

*The spider was **within** a few centimeters of the baby.*
A aranha estava a poucos centímetros do bebê.

*Economic recovery will not take place **within** the next twelve months.*
A recuperação da economia não se dará nos próximos 12 meses.

## WITHOUT

sem

*I can't hear anything* ***without*** *my hearing aid.*
Não ouço nada sem meu aparelho auditivo.

*They succeeded in buying a new car* ***without*** *selling their old one.*
Eles conseguiram comprar um carro novo sem vender o velho.

# LOCUÇÕES PREPOSITIVAS

A

## AGAINST THE WILL OF

contra a vontade de

***Against the will of*** *several religious groups, civil marriage of gay and lesbian couples may be legalized soon.*
Contra a vontade de vários grupos religiosos, o casamento civil de gays e lésbicas poderá ser legalizado em breve.

## AT A LOSS FOR

sem saber o que fazer ou dizer

*That was the first time I saw him* ***at a loss for*** *words.*
Aquela foi a primeira vez que eu o vi sem saber o que dizer.

## AT A SPEED OF

a uma velocidade de

*Light travels* ***at a speed of*** *about 300,000 kilometers a second.*

A luz viaja a uma velocidade de cerca de 300.000 quilômetros por segundo.

## AT HOME WITH

à vontade com

*A general once said he felt more **at home with** horses than with people.*
Um general certa vez disse que se sentia mais à vontade com cavalos do que com gente.

## AT PEACE WITH

em paz com

*He was finally **at peace with** himself.*
Ele finalmente ficou em paz consigo mesmo.

## AT THE END OF

no fim de

*The restaurant is **at the end of** the street.*
O restaurante fica no fim da rua.

## AT THE EXPENSE OF

### à custa de

*In some countries bringing inflation under control can only be achieved* ***at the expense of*** *a rapid increase in unemployment.*
Em alguns países, só se consegue manter a inflação sob controle à custa de um rápido aumento da taxa de desemprego.

## AT THE HEAD OF

### na chefia, à frente de

*Who's* ***at the head of*** *the English department?*
Quem é o chefe do departamento de inglês?

## AT THE MERCY OF

### à mercê de

*He now knew he was* ***at the mercy of*** *the managing director.*
Ele agora sabia que estava à mercê do diretor administrativo.

## AT THE RATE OF

na faixa de, na média de

*She claimed alimony* ***at the rate*** *of 4,000 dollars a month.*
Ela entrou com um pedido de pensão alimentícia na faixa de 4 mil dólares por mês.

## AT THE REAR OF

atrás

*Toilets are* ***at the rear of*** *the bus station.*
Os toaletes ficam atrás da estação.

## AT THE SIGHT OF

ao ver

*How can she even think of becoming a doctor if she faints* ***at the sight*** *of blood?*
Como ela pode sequer pensar em ser médica se ela desmaia quando vê sangue?

## AT THE TIME OF

na época de

*What was Brazil like* ***at the time of*** *its discovery?*
Como era o Brasil na época do descobrimento?

## AT THE VERY THOUGHT OF

### só de pensar

*I tremble with fear **at the very thought of** his death.*
Eu tremo de medo só de pensar na possibilidade de sua morte.

## AT WAR WITH

### em guerra com

*On September 3, 1939, the British Prime Minister announced that from that moment on Britain and France were **at war with** Germany.*
No dia 3 de setembro de 1939, o Primeiro Ministro britânico anunciou que a partir daquele momento a Grã-Bretanha e a França estavam em guerra com a Alemanha.

## BESIDE ONESELF WITH

### fora de si, sem controle

*When she heard the news she was **beside herself with** joy.*
Ao ouvir a notícia, ela ficou louca de alegria.

## BY COURTESY OF

como cortesia, com autorização

*The illustrations were reproduced* ***by courtesy of*** *The British Library.*
As ilustrações foram reproduzidas com autorização da Biblioteca do Museu Britânico.

## BY DINT OF

graças a

***By dint of*** *his father's influential friends, he got his promotion.*
Graças aos amigos influentes do pai, ele conseguiu sua promoção.

## BY FORCE OF

por força de

*She was determined to remain on her family's farm for the rest of her life unless driven out* ***by force of*** *circumstances.*
Ela estava decidida a ficar na fazenda da família para o resto da vida, a menos que fosse obrigada a sair por força das circunstâncias.

## BY MEANS OF

por meio de, com a ajuda de

*In our company wages are paid away* ***by means of*** *checks.*
Na nossa empresa os salários são pagos por meio de cheques.

## BY WAY OF

via

*She drove to Bonn* ***by way of*** *Cologne.*
Ela foi de carro para Bonn via Colônia.

por meio de

*He explained the difference between 'for' and 'to'* ***by way of*** *examples.*
Ele explicou a diferença entre "for" e "to" por meio de exemplos.

## FOR FEAR OF

com medo de

*She kept quiet* ***for fear of*** *being laughed at.*
Ela ficou calada, com medo de que rissem dela.

F

## FOR LACK OF

por falta de

*The summit failed* ***for lack of*** *leadership from rich countries.*
A reunião de cúpula fracassou por falta de liderança por parte dos países ricos.

## FOR THE BENEFIT OF

em benefício de, em prol de

*We've got to stimulate scientific research* ***for the benefit of*** *our future generations.*
Temos de incentivar as pesquisas científicas em benefício de nossas futuras gerações.

## FOR THE SAKE OF

para o bem de

*We must fight to preserve the environment* ***for the sake of*** *our children and grandchildren.*
Temos de lutar para preservar o meio ambiente para o bem de nossos filhos e netos.

## FOR WANT OF

por falta de

*All of the plants died* ***for want of*** *water.*
Todas as plantas morreram por falta de água.

I

## IN A HURRY FOR

### com pressa para

*I have a friend who never seems to be* ***in a hurry for*** *anything.*
Eu tenho um amigo que parece que nunca está com pressa para nada.

## IN ACCORDANCE WITH

### de acordo com

*Every contract should be worked out* ***in accordance with*** *strict legal principles.*
Todo contrato deve ser elaborado de acordo com estritos princípios legais.

## IN ACKNOWLEDGMENT OF

### em reconhecimento por

*She was given a prize* ***in acknowledgment of*** *her contribution to the project.*
Ela recebeu um prêmio em reconhecimento por sua contribuição para o projeto.

## IN ADDITION TO

além de

***In addition to** playing guitar, he also sings his own songs.*
Além de tocar guitarra, ele também canta suas próprias canções.

## IN AGREEMENT WITH

de acordo com, conforme

*I'm not entirely **in agreement with** his conclusions.*
Eu não estou totalmente de acordo com suas conclusões.

## IN AID OF

em benefício de

*The concert will be held **in aid of** victims of mudslides.*
O concerto será realizado em benefício das vítimas dos soterramentos.

## IN ANSWER TO

em resposta a

*If you had been in my shoes, what would you have said **in answer to** a question like that?*
Se você estivesse no meu lugar, o que teria dito em resposta a uma pergunta daquelas?

## IN ANTICIPATION OF

### na expectativa de

*Shares fell drastically at the end of the year* ***in anticipation of*** *a new economic crisis.*
As ações despencaram drasticamente no fim do ano na expectativa de uma nova crise econômica.

## IN CARE OF

### aos cuidados de

*She closed the envelope and addressed it* ***in care of*** *her former landlady.*
Ela fechou o envelope e endereçou-o aos cuidados da sua antiga senhoria.

## IN CASE OF

### em caso de

*Remember: do never use the elevator* ***in case of*** *fire.*
Lembre-se: nunca use o elevador em caso de incêndio.

## IN CHARGE OF

### encarregado de, responsável por

*Who is* ***in charge of*** *the office when the boss is out?*
Quem é o responsável no escritório quando o chefe não está?

## IN COMBINATION WITH

### em combinação com

*Gold is often used **in combination with** precious stones to enhance the beauty of jewels.*
O ouro é muitas vezes usado em combinação com pedras preciosas para realçar a beleza das joias.

## IN COMMAND OF

### no comando de

*The captain **in command of** the patrol was kidnapped by the guerrillas.*
O capitão que estava no comando da patrulha foi sequestrado pelos guerrilheiros.

## IN COMMON WITH

### em comum com

*I never had anything **in common with** her.*
Eu nunca tive nada em comum com ela.

## IN COMPARISON WITH

### em comparação com

***In comparison with** North Korea, Russia is a model of political freedom.*
Em comparação com a Coreia do Norte, a Rússia é um modelo de liberdade política.

## IN COMPENSATION FOR

### como compensação

*The London police agreed to pay the Menezes family a considerable amount of money* ***in compensation for*** *the unfortunate incident that resulted in Jean Charles's death.*
A polícia de Londres concordou em pagar uma quantia considerável à família Menezes como compensação pelo infeliz incidente que resultou na morte de Jean Charles.

## IN COMPLIANCE WITH

### em cumprimento a

*The contract was drawn up* ***in compliance with*** *the new bankruptcy law.*
O contrato foi redigido em cumprimento à nova lei de falências.

## IN CONFLICT WITH

### em conflito com

*Since she was a teenager she has constantly been* ***in conflict with*** *her father's restrictive views on marriage and family life.*
Desde a adolescência, ela tem estado em conflito com a visão limitada de seu pai a respeito do casamento e da vida em família.

## IN CONFORMITY WITH

### em conformidade com

*The Venezuelan government promised to act* ***in conformity with*** *the principles of the Organization of the American States.*
O governo da Venezuela prometeu agir em conformidade com os princípios da OEA.

## IN CONSEQUENCE OF

### em consequência de

*Over seven hundred people died* ***in consequence of*** *the epidemic of cholera in Kenia last year.*
Mais de 700 pessoas morreram em consequência da epidemia de cólera no Quênia no ano passado.

## IN CONSIDERATION OF

### em consideração a

*Ronald Biggs, the famous British train robber, has been released from jail* ***in consideration of*** *his age and poor health.*
Ronald Biggs, o famoso assaltante de trem da Inglaterra, foi libertado da prisão em consideração à sua idade e estado de saúde.

## IN CONTACT WITH

### em contato com

*Anyone who has been **in contact with** a rabid dog should be immediately vaccinated.*
Qualquer pessoa que tenha estado em contato com um cão hidrófobo deve ser imediatamente vacinada.

## IN CONTRAST WITH

### em contraste com

*The tourism industry, **in contrast with** other sectors of our economy, is hardly suffering the effects of the international crisis.*
A indústria do turismo, em contraste com outros setores de nossa economia, praticamente não está sofrendo os efeitos da crise internacional.

## IN DANGER OF

### em perigo de, em risco de

*He warned authorities that Brazilian indigenous medicine is **in danger of** extinction.*
Ele alertou as autoridades para o fato de que a medicina indígena brasileira corre o risco de extinção.

## IN DEFAULT OF

### à falta de, por falta de

*A man was arrested yesterday* ***in default of*** *payment of alimony.*
Um homem foi preso ontem por falta de pagamento da pensão alimentícia.

## IN DEFENSE OF

### em defesa de

*He alleged he had acted* ***in defense of*** *his honor.*
Ele alegou que tinha agido em defesa da honra.

## IN DEFIANCE OF

### em desafio a, a despeito de

***In defiance of*** *the United Nations' position, the Iranian government decided to build ten uranium enrichment plants.*
Em desafio à posição das Nações Unidas, o governo iraniano decidiu construir dez usinas de enriquecimento de urânio.

## IN DOUBT OF/ABOUT

### em dúvida

*If **in doubt about** what to do next, don't do anything.*
Se você está em dúvida sobre o que fazer, não faça nada.

## IN EXCHANGE FOR

### em troca de

*She has a cousin who looks after gardens **in exchange for** food.*
Ela tem um primo que cuida de jardins em troca de comida.

## IN FAVOR OF

### a favor de

*To my surprise, he said he was totally **in favor of** the death penalty.*
Para minha surpresa, ele disse que era totalmente a favor da pena de morte.

## IN FRONT OF

### em frente de

*She was sitting **in front of** me.*
Ela estava sentada na minha frente.

## IN HONOR OF

### em homenagem a

*Diego Souza had a plaque installed at Palmeiras Stadium* ***in honor of*** *the magnificent goal he scored against Atlético Mineiro on November 29, 2009.*
Diego Souza ganhou uma placa que foi afixada no estádio do Palmeiras em homenagem ao magnífico gol que ele marcou contra o Atlético Mineiro no dia 29 de novembro de 2009.

## IN LOVE WITH

### apaixonado por

*I'm* ***in love with*** *her.*
Estou apaixonado por ela.

## IN MEMORY OF

### em memória de

*This book is dedicated* ***in memory of*** *all of those who died in the war in Iraq.*
Este livro é dedicado à memória de todos aqueles que morreram na guerra do Iraque.

## IN NEED OF

com necessidade de, precisando de

*Our car is badly* ***in need of*** *repair.*
Nosso carro está precisando muito ir para o concerto.

## IN OBEDIENCE OF

em obediência a, de acordo com

*They had their house decorated* ***in obedience of*** *the typical Victorian style of the day.*
Eles decoraram a casa segundo o típico estilo vitoriano da época.

## IN OPPOSITION OF

em oposição a, por opor-se a

*Several Honduran activists* ***in opposition of*** *the presidential election were arrested yesterday.*
Vários ativistas hondurenhos em oposição às eleições presidenciais foram presos ontem.

## IN ORDER OF

em ordem de

*The credits of the film were presented* ***in order of*** *appearance.*
Os créditos do filme foram mostrados em ordem de aparição dos artistas.

## IN PLACE OF

### em lugar de

*You ought to consume more fruit and vegetables* ***in place of*** *the junk food you normally eat.*
Você devia consumir mais frutas e verduras no lugar das porcarias que você normalmente come.

## IN POSSESSION OF

### de posse de

*When he was arrested he was* ***in possession of*** *twelve bags of crack.*
Quando foi preso, ele estava de posse de 12 trouxinhas de crack.

## IN PROPORTION TO

### proporcional a

*His fame as a song writer was not* ***in proportion to*** *his talent, which was extremely limited.*
Sua fama como compositor não era proporcional ao seu talento, que era extremamente limitado.

## IN PURSUIT OF

### em busca de, à procura de

*She would spend hours in the gym* ***in pursuit of*** *a well-defined body.*
Ela passava horas na academia em busca de um corpo bem definido.

## IN RECOGNITION OF

### em reconhecimento por

*My uncle Charles Mills received a posthumous homage* ***in recognition of*** *his work as a devoted doctor to the very end.*
Meu tio Charles Mills recebeu uma homenagem póstuma em reconhecimento por seu trabalho como um médico dedicado até o fim da vida.

## IN RELATION TO

### em relação a

*We will be pleased to clarify any doubts you may have* ***in relation to*** *our course.*
Teremos prazer em esclarecer qualquer dúvida que você possa ter em relação ao nosso curso.

## IN REMEMBRANCE OF

em memória de

*A religious service was held* ***in remembrance of*** *all the people who died in the TAM airbus 320 plane crash.*
Foi rezada uma missa em memória de todas as pessoas que morreram no desastre aéreo com o airbus 320 da TAM.

## IN RESPONSE TO

em resposta a

***In response to*** *this severe drought, local authorities are considering rationing water.*
Em resposta a esta seca prolongada, autoridades locais estão considerando a possibilidade de racionamento de água.

## IN RETURN FOR

em retribuição por

*A journalist demanded a large amount of money* ***in return for*** *important information.*
Um jornalista exigiu uma grande quantia de dinheiro em troca de informações importantes.

## IN REVENGE FOR

### como vingança por

*She told the reporter every sordid detail of the affair* ***in revenge for*** *all the humiliation her partner had caused her.*
Ela contou ao repórter todos os detalhes sórdidos do caso, como vingança por toda a humilhação que seu companheiro lhe havia causado.

## IN SEARCH OF

### à procura de, em busca de

*She traveled all the way to China* ***in search of*** *her lost love.*
Ela viajou até a China em busca do seu amor perdido.

## IN SPITE OF ONESELF

### sem querer

*Suddenly she began to giggle* ***in spite of herself.***
De repente ela começou a rir sem querer.

## IN STORE FOR

### reservado, à espera

*How could he predict what lay* ***in store for*** *him?*
Como ele poderia prever o que o aguardava?

## IN SUPPORT OF

em apoio a

*He was willing to lead a campaign **in support of** euthanasia.*
Ele estava disposto a liderar uma campanha de apoio à eutanásia.

## IN SYMPATHY WITH

em solidariedade a

*Huge demonstrations were held **in sympathy with** the strikers.*
Houve manifestações enormes em solidariedade aos grevistas.

## IN TERMS OF

em termos de

*Are our universities well equipped **in terms of** infrastructure?*
Nossas universidades estão bem equipadas em termos de infraestrutura?

## IN THE ABSENCE OF

na ausência de

***In the absence of** direct heirs a distant cousin of his inherited the castle.*

Na ausência de herdeiros diretos, um primo distante acabou herdando o castelo.

## IN THE COMPANY OF

### em companhia de

*Strangely enough, she felt at ease* ***in the company of*** *those snobbish guests.*
Curiosamente, ela se sentia à vontade na companhia daqueles convidados esnobes.

## IN THE COURSE OF

### no decorrer de

*The suspect fell into contradiction* ***in the course of*** *the inquiry.*
O suspeito caiu em contradição no decorrer do inquérito.

## IN THE CUSTODY OF

### sob a custódia de

*The Juvenile Court decided that the six-year-old girl should be* ***in the custody of*** *her uncle and aunt.*
O Juizado de Menores decidiu que a menina de seis anos deverá ficar sob a custódia dos seus tios.

## IN THE DARK ABOUT

sem saber, por fora

*Students were* ***in the dark about*** *the new exam rules.*
Os estudantes não estavam sabendo das novas regras do exame.

## IN THE DIRECTION OF

na direção de

*He turned his eyes* ***in the direction of*** *Mecca.*
Ele voltou os olhos em direção a Meca.

## IN THE EVENT OF

na eventualidade de

*Are you prepared to take action* ***in the event of*** *an emergency?*
Você está preparado para agir na eventualidade de uma emergência?

## IN THE EXPECTATION OF

na expectativa de

*She went back to Poland* ***in the expectation of*** *meeting her family — or what was left of her family — again.*
Ela voltou para a Polônia na expectativa de reencontrar a família — ou o que sobrou dela — de novo.

## IN THE EYES OF

### aos olhos de

***In** her father's **eyes** her divorce was a tragedy.*
Aos olhos do seu pai, seu divórcio foi uma tragédia.

## IN THE FORM OF

### na forma de

*He wrote the preface to his new book **in the form of** a poem.*
Ele escreveu o prefácio do seu novo livro na forma de um poema.

## IN THE HABIT OF

### habituado a

*My grandpa taught me how to get **in the habit of** saving since the day I was given my first piggy bank.*
Meu avô me ensinou a ter o hábito de economizar desde o dia em que ganhei meu primeiro cofrinho.

## IN THE HANDS OF

### nas mãos de

*His life now was **in the hands of** the kidnappers.*
Sua vida agora estava nas mãos dos sequestradores.

## IN THE HOPE OF

na esperança de

*Fernão Dias Paes Leme was a bandeirante who led several expeditions into the countryside* ***in the hope of*** *finding emeralds.*
Fernão Dias Paes Leme foi um bandeirante que chefiou várias expedições no sertão na esperança de encontrar esmeraldas.

## IN THE INTEREST OF

no interesse de

***In the interest of*** *future generations, governments should do their best to cut down carbon emissions.*
No interesse das futuras gerações, os governos deveriam se esforçar ao máximo para diminuir a emissão de poluentes.

## IN THE MIDDLE OF

no meio de

*I woke up* ***in the middle of*** *the night sweating and shivering with cold.*
Eu acordei no meio da noite suando e tremendo de frio.

## IN THE MOOD FOR

com disposição para

*I'm not **in the mood for** staying at home tonight.*
Não estou a fim de ficar em casa hoje.

## IN THE NAME OF

em nome de

*'Please forgive me, **in the name of** our friendship,' he said.*
"Por favor, em nome da nossa amizade, eu lhe peço, perdoe-me", ele disse.

## IN THE NEIGHBORHOOD OF

nas proximidades de, aproximadamente

*I don't know how much he paid for the painting, but it must have been **in the neighborhood** of 250,000 dollars!*
Eu não sei quanto ele pagou pelo quadro, mas deve ter sido por volta de 250.000 dólares!

## IN THE OPINION OF

na opinião de

***In the opinion of** film critic Norman Dale, the movie stinks.*

Na opinião do crítico de cinema Norman Dale, o filme é uma droga.

## IN THE PRESENCE OF

### na presença de

*He gave that statement **in the presence of** two witnesses.*
Ele deu aquela declaração na presença de duas testemunhas.

## IN THE PRIME OF

### no auge de

*Kurt Cobain died **in the prime of** his career.*
Kurt Cobain morreu no auge da carreira.

## IN THE RANGE OF

### aproximadamente

*I don't know how much he paid for the painting, but it must have been **in the range of** 250,000 dollars!*
Eu não sei quanto ele pagou pelo quadro, mas deve ter sido por volta de 250 mil dólares!

## IN THE ROLE OF

### no papel de

*In 1982 Ben Kingsley was awarded the Oscar for best actor for his performance* ***in the role of*** *Gandhi.*
Em 1982, Ben Kingsley recebeu o Oscar de melhor ator por sua atuação no papel de Gandhi.

## IN THE STEPS OF

### seguindo o exemplo de

*Following* ***in the steps of*** *the United States, most South American countries decided to recognize the Honduran elections.*
Seguindo o exemplo dos Estados Unidos, a maior parte dos países sul-americanos decidiu reconhecer as eleições em Honduras.

## IN THE THROES OF

### enfrentando dificuldades, às voltas de

*Caught in the middle of an international crisis, Brazil is* ***in the throes of*** *economic collapse.*
Pego em meio a uma crise internacional, o Brasil enfrenta um colapso econômico.

## IN TIME FOR

a tempo de

*He assured me that he would be back home just **in time for** Thanksgiving.*
Ele me garantiu que voltaria para casa a tempo de chegar para o Dia de Ação de Graças.

## IN TOUCH WITH

em contato com

*I tried to get **in contact with** her, but she wouldn't talk to me.*
Eu tentei entrar em contato com ela, mas ela não queria falar comigo.

## IN VIEW OF

em face de, em vista de

***In view of** the evidence presented here, more severe measures will have to be taken.*
Em face das provas aqui apresentadas, medidas mais severas terão de ser tomadas.

O

## ON A PAR WITH

no mesmo nível, em igualdade de condições

*The Argentinians are **on a par with** the Brazilians in terms of soccer.*

Os argentinos estão no mesmo nível que os brasileiros em matéria de futebol.

## ON A VISIT TO

### em visita a

*He was mugged while **on a visit to** his hometown of Charlesville.*
Ele foi assaltado durante uma visita à sua cidade natal de Charlesville.

## ON ACCOUNT OF

### por causa de, em virtude de

*He was forced to stay in bed for a few days **on account of** his poor health.*
Ele foi forçado a ficar de cama durante alguns dias em virtude do seu estado de saúde.

## ON BEHALF OF

### em nome de

***On behalf of** my family, I'd like to thank you all for your kind reception.*
Em nome da minha família, eu gostaria de agradecer a todos por sua calorosa recepção.

## ON GOOD TERMS WITH

em boas relações de amizade com

*After years of bitter arguments, I finally managed to get back* ***on good terms with*** *my neighbor.*
Depois de anos de brigas, eu finalmente consegui voltar a manter boas relações com meu vizinho.

## ON ONE'S WAY TO

a caminho de, indo para

*I happened to meet Carol* ***on my way to*** *work.*
Encontrei a Carol por acaso quando ia para o trabalho.

## ON RECEIPT OF

no recebimento de

*The money will be cabled* ***on receipt of*** *the goods.*
O dinheiro será enviado quando do recebimento da mercadoria.

## ON THE BRINK OF

à beira de, prestes a

*Do you really believe that the Earth is* ***on the brink*** *of a new Ice Age?*
Você realmente acredita que a Terra está à beira de uma nova Era do Gelo?

## ON THE EVE OF

às vésperas de, pouco antes de

*What was the world like* ***on the eve of*** *World War I?*
Como era o mundo às vésperas da Primeira Guerra Mundial?

## ON THE FACE OF IT

a julgar pelas aparências

***On the face of it****, the situation is not so serious.*
A julgar pelas aparências, a situação não é tão grave.

## ON THE GROUNDS OF

com base em

*No one should be discriminated* ***on the grounds of*** *race, religious beliefs or sexual orientation.*
Ninguém deve sofrer discriminação com base em critérios de raça, crença religiosa ou orientação sexual.

## ON THE OCCASION OF

por ocasião de

*He made a memorable speech* ***on the occasion of*** *the 50th anniversary of Brasilia.*
Ele fez um discurso memorável por ocasião do 50º aniversário de Brasília.

## ON THE POINT OF

a ponto de

*She was **on the point of** crying.*
Ela estava a ponto de chorar.

## ON THE STRENGTH OF

em virtude de, por influência de

*He said that he had passed many exams **on the strength of** his good memory.*
Ele disse que tinha passado em muitos exames por conta de sua boa memória.

## ON THE THRESHOLD OF

no início de, no limiar de

*We are **on the threshold of** a new technological era.*
Estamos no limiar de uma nova era tecnológica.

## ON THE TRACK OF

no encalço de, em busca de

*He is known as a designer who is always **on the track of** simplicity.*
Ele é conhecido como um designer que está sempre em busca da simplicidade.

## ON THE VERGE OF

a ponto de, prestes a

*I was* ***on the verge of*** *a nervous breakdown.*
Eu estava à beira de um colapso nervoso.

## OUT OF FAVOR WITH

sem popularidade, sem respaldo

*He fell* ***out of favor with*** *Chelsea after a succession of defeats.*
Ele caiu em desgraça no Chelsea após uma sequência de derrotas.

## OUT OF PITY FOR

por pena de

*The judge let her off* ***out of pity for*** *her three children.*
O juiz deixou-a em liberdade de pena dos seus três filhos.

## UNDER COVER OF

U

protegido por, encoberto por, sob o pretexto de

***Under cover of*** *war, illegal arrests and summary executions are being carried out by both sides of the conflict.*

Sob o pretexto da guerra, prisões ilegais e execuções sumárias estão sendo efetuadas por ambos os lados do conflito.

## UNDER THE COMMAND OF

### sob o comando de

*The platoon is **under the command of** Sergeant Dexter.*
O pelotão está sob o comando do sargento Dexter.

## UNDER THE RULE OF

### sob o domínio de

*For over three hundred years Brazil was **under the rule of** Portugal.*
Por mais de 300 anos o Brasil esteve sob o domínio de Portugal.

## UP AGAINST IT

### em dificuldades

*He will really be **up against it** to explain what he did with the money.*
Ele realmente vai ter problemas para explicar o que fez com o dinheiro.

## UP FOR

### em disponibilidade

*The apartment is **up for** sale.*
O apartamento está à venda.

### em cogitação

*He's **up for** promotion.*
Ele está sendo cogitado para uma promoção.

## UP TO

### caber, competir

*It's **up to** them to solve the problem, isn't it?*
Cabe a eles resolver o problema, não?

### caber

*It was **up to** the captain to decide what to do.*
Cabia ao capitão decidir o que fazer.

### estar ocupado em fazer alguma coisa errada

*The children are too quiet. They must be **up to** something!*
As crianças estão muito quietas. Elas devem estar aprontando alguma coisa!

### estar à altura

*Mrs. Philips was not **up to** the post of general manager.*

A senhora Philips não estava à altura do cargo de gerente geral.

## UP WITH

acontecendo

*What's **up with** him? Why is he so angry?*
O que há com ele? Por que ele está tão zangado?

viva!

***Up with** democracy! Down with dictatorship!*
Viva a democracia! Abaixo a ditadura!

W

## WELL UP ON

bem informado, a par

*Ask Mr. Dawson. He's **well up on** contemporary art.*
Pergunte ao senhor Dawson. Ele conhece bem arte contemporânea.

## WITH AN EYE TO

com vistas a, tendo em vista

*He said he would take part in that competition **with an eye to** the Wimbledon Tennis Tournament.*
Ele disse que participaria daquela competição com vistas ao torneio de tênis de Wimbledon.

## WITH NO INTENTION OF

sem a intenção de

*He left **with no intention of** coming back.*
Ele foi embora sem a menor intenção de voltar.

## WITH REFERENCE TO

com referência a

***With reference to** the article you sent us, we would like to discuss the possibility of publishing it.*
Com referência ao artigo que você nos mandou, gostaríamos de discutir a possibilidade de publicá-lo.

## WITH THE COMPLIMENTS OF

com os cumprimentos de

*The waiter came up to our table with a bottle of champagne and said '**With the compliments of** the restaurant, sir'.*
O garçom veio até a nossa mesa com uma garrafa de champanhe e disse: "Com os cumprimentos do restaurante."

## WITH THE EXCEPTION OF

com exceção de

*Everybody,* ***with the exception of*** *Mr. O'Connor, agreed to her suggestion.*
Todos, com exceção do senhor O'Connor, concordaram com a sugestão dela.

## WITH THE HELP OF

com a ajuda de

***With the help of*** *a team of international architects, South Africa is building some of the most modern soccer stadiums in the world.*
Com a ajuda de uma equipe de arquitetos internacionais, a África do Sul está construindo alguns dos mais modernos estádios de futebol do mundo.

# LOCUÇÕES ADVERBIAIS

A

## ABOVE BOARD

honesto, limpo, acima de qualquer suspeita

*He wouldn't sign this document if the whole thing were not perfectly* ***above board****.*
Ele não assinaria este documento se a coisa não fosse perfeitamente lícita.

## AFTER A FASHION

não muito bem, de uma forma um tanto inadequada

*Oh, yes, you can count on him,* ***after a fashion****.*
Ah, sim, você pode contar com ele, até certo ponto.

## AFTER ALL

afinal, afinal de contas

*You cannot expect him to have all the answers. **After all**, he's only ten.*
Você não pode esperar que ele tenha todas as respostas. Afinal, ele só tem dez anos.

## AFTER HOURS

tarde, fora do expediente

*He often spends a lot of time in his office **after hours**.*
Ele costuma passar um bom tempo no escritório depois do expediente.

## AFTER NEXT

seguinte ao próximo

*'Good bye, dear,' I said. 'See you the week **after next**.'*
"Tchau, querido", eu disse. "Te vejo não na semana que vem, na outra."

## AFTER ONE'S OWN HEART

que combina com alguém, com os mesmos gostos

*When Tom told his mother that Helen liked antiques,*

*Tom's mother thought: 'A woman **after my own heart**, at last!'*
Quando Tom contou à sua mãe que Helen gostava de antiguidades, ela pensou: "Alguém que combina comigo, até que enfim!"

## ALL OVER THE WORLD

### no mundo todo

*Susan Boyle didn't take more than three minutes to become a celebrity **all over the world**.*
Susan Boyle só precisou de três minutos para tornar-se uma celebridade em todo o mundo.

## ALONG THE WAY

### durante o processo, no decorrer de um evento

*In his new novel, a quiet dentist avenges his wife's murder as violently as possible, and, **along the way**, learns the meaning of forgiveness.*
Em seu novo livro, um tranquilo dentista vinga a morte de sua esposa da maneira mais violenta possível e, durante o processo, aprende o significado do perdão.

## AT A GLANCE

num relance

*I saw **at a glance** what had happened.*
Num relance, eu vi o que tinha acontecido.

## AT A LOSS

sem saber como agir

*I always find myself **at a loss** when I have to speak in public.*
Eu sempre me sinto perdido quando tenho que falar em público.

## AT A RUN

correndo

*She crossed the road **at a run**.*
Ela atravessou a rua correndo.

## AT A TIME

de cada vez

*OK, kids, tell me your names, **one at a time**.*
Muito bem, crianças, digam-me os seus nomes, um de cada vez.

## AT ALL COSTS

a qualquer custo

*He knew he should memorize his alibi and stick to it* ***at all costs.***
Ele sabia que tinha que decorar o seu álibi e ater-se a ele a todo custo.

## AT ALL

de modo algum

*He was one of those people you couldn't trust* ***at all.***
Ele era uma daquelas pessoas em quem você não podia confiar de modo algum.

## AT ALL TIMES

o tempo todo

*Keep your baggage with you* ***at all times.***
Mantenha a bagagem com você o tempo todo.

## AT ANY COST

a qualquer custo

*Both teams needed a win* ***at any cost.***
Os dois times precisavam de uma vitória a qualquer custo.

## AT ANY RATE

de qualquer maneira

*He said he wouldn't go, not this time* ***at any rate.***
Ele disse que não iria, não dessa vez, de qualquer forma.

## AT ARM'S LENGTH

à distância, longe

*You'd better keep the dog* ***at arm's length.***
É melhor você manter o cachorro à distância.

## AT BEST

na melhor das hipóteses

*Hepatitis A vaccine is* ***at best*** *ineffective and at worst dangerous.*
A vacina contra a hepatite A, na melhor das hipóteses, é ineficaz, e, na pior das hipóteses, é até perigosa.

## AT DEATH'S DOOR

às portas da morte

*The little girl began to cry, thinking that her cat was* ***at death's door.***
A garotinha começou a chorar, pensando que o seu gato estava à beira da morte.

## AT EASE

à vontade

*She didn't feel **at ease** they way he stared at her.*
Ela não se sentia à vontade com o modo como ele olhava para ela fixamente.

## AT FACE VALUE

pelo aspecto exterior, pelas aparências

*Don't judge people **at face value**.*
Não julgue as pessoas pelas aparências.

## AT FAULT

errado, culpado

*The mechanic suspected that the brakes were **at fault**.*
O mecânico suspeitava que a culpa fosse do freio.

## AT FIRST

a princípio

***At first** I was shocked with her reaction.*
A princípio eu fiquei chocado com a reação dela.

## AT FIRST SIGHT

à primeira vista

***At first sight** they all looked alike.*
À primeira vista, todos eles eram parecidos.

## AT FULL STRENGTH

com o grupo completo

*Luckily our team will play **at full strength**.*
Felizmente nosso time vai jogar completo.

## (AT) FULL TILT

a toda velocidade

*He felt as if he'd run **full tilt** into a brick wall.*
Ele se sentia como se tivesse se chocado a toda velocidade contra uma parede de tijolos.

## AT HAND

próximo, à mão

*The cure for cancer may be near **at hand**.*
A cura do câncer pode estar próxima.

## AT IT AGAIN

### fazendo (algo) novamente

*The guy who was arrested for trying to seduce a minor is **at it again**.*
O sujeito que foi preso por tentar seduzir uma menor voltou a fazer a mesma coisa.

## AT LARGE

### à solta

*'The devil is out and **at large**,' Father O'Malley used to say.*
"O diabo está solto aí fora", dizia o Padre O'Malley.

### em geral

*Those ideas are no longer accepted by society **at large**.*
Tais ideias não são mais aceitas pela sociedade de modo geral.

## AT LEAST

### pelo menos

*It must have cost **at least** 5,000 dollars.*
Deve ter custado no mínimo 5.000 dólares.

## AT LENGTH

### finalmente, por fim

*'I do,' he said **at length**.*
"Sim", ele finalmente disse.

### longamente, em detalhe

*That was the first time they discussed the issue of sustainable development **at length**.*
Aquela foi a primeira vez que eles discutiram o problema do desenvolvimento sustentável em detalhe.

## AT (LONG) LAST

### finalmente

*'**At last** it's over,' she said with a sigh.*
"Finalmente acabou", disse ela com um suspiro.

## AT ODDS

### em atrito

*Brazil and the United States have never been so much **at odds**.*
O Brasil e os Estados Unidos nunca se estranharam tanto.

## AT ONCE

### imediatamente

*I'm afraid you must go to the hospital* ***at once****, Alfred.*
Receio que você tenha que ir ao hospital imediatamente, Alfred.

## AT ONE TIME

### no passado, numa certa época

***At one time*** *I thought Jason might have hidden the money.*
Houve uma época em que eu pensei que talvez Jason tivesse escondido o dinheiro.

## AT ONE'S DISPOSAL

### à disposição

*'I'm* ***at your disposal****, sir,' he said.*
"Estou à sua disposição, senhor", ele disse.

## AT ONE'S LEISURE

### como for mais conveniente

*'Come on in and browse* ***at your leisure****,' said the storekeeper.*
"Entre e olhe à vontade", disse o dono da loja.

## AT PLAY

brincando

*I simply love watching my cat **at play**.*
Eu adoro ver meu gato brincando.

## AT PRESENT

agora, atualmente

***At present** we have no idea of his whereabouts.*
No momento, não temos ideia de seu paradeiro.

## AT RANDOM

ao acaso, aleatoriamente

*The lucky winners will be chosen **at random** by our computer.*
Os felizes ganhadores serão escolhidos aleatoriamente por nosso computador.

## AT REST

parado, em repouso

*When the body is **at rest** in sleep, the heart beats at a lower rate.*
Quando o corpo está em repouso durante o sono, o coração bate num ritmo mais lento.

## AT SHORT NOTICE

em cima da hora, de repente

*Unfortunately, guided tours are sometimes cancelled **at short notice**.*
Infelizmente, visitas com guias às vezes são canceladas em cima da hora.

## AT SIXES AND SEVENS

atrapalhado, confuso

*The cleaner hadn't come and Mrs. White was **at sixes and sevens**.*
A faxineira não veio e a senhora White estava toda atrapalhada.

## AT SOMEONE'S BEST

na melhor de sua forma, no que alguém tem de melhor

*The movie shows Woody Allen **at his best**.*
O filme mostra o melhor de Woody Allen.

## AT STAKE

em jogo, correndo risco

*Run away! Your life is **at stake**!*
Fuja! Sua vida está em perigo!

## AT THAT

além disso, ainda por cima

*He had to pay her compensation, and a fortune* ***at that!***
Ele teve de lhe pagar uma indenização e, ainda por cima, uma fortuna!

## AT THE BEST OF TIMES

por melhor que seja

*TV programs on Sunday are not very interesting* ***at the best of times.***
Os programas de televisão aos domingos não são muito interessantes, por melhores que sejam.

## AT THE ELEVENTH HOUR

na última hora

***At the eleventh hour,*** *he agreed to cooperate with the police.*
Na última hora, ele resolveu cooperar com a polícia.

## AT THE LATEST

no mais tardar

*She promised to return the books by Friday* ***at the latest.***
Ela prometeu devolver os livros no mais tardar até sexta-feira.

## AT THE LONGEST

no mais tardar, no máximo

*In 1939 many people believed that the war was a matter of weeks, or months **at the longest**.*
Em 1939, muita gente pensava que a guerra era uma questão de semanas, ou meses no máximo.

## AT (THE) MOST

no máximo

*The paintings will be delivered to the shop within two days **at most**.*
Os quadros serão entregues à loja dentro de, no máximo, dois dias.

## AT THE READY

a postos, pronto para ser usado

*The troopers gathered outside the university, their truncheons **at the ready**.*
Os policiais se agruparam em frente à universidade, com os cassetetes prontos para serem usados.

## AT THE SAME TIME

ao mesmo tempo

*They both arrived **at the same time**.*
Os dois chegaram ao mesmo tempo.

## AT THE TIME

por ocasião, na época

***At the time** I thought it was a good idea.*
Na época, achei uma boa ideia.

## AT THE TOP OF ONE'S VOICE/LUNGS

em voz bem alta

*'No!' he shouted **at the top of his voice**.*
"Não!", ele gritou em voz bem alta.

## AT TIMES

às vezes

***At times** I feel as if I didn't belong here.*
Às vezes, sinto como se não tivesse nada a ver com isso aqui.

## AT WORK

trabalhando

*The sign read: 'Men **at work**.'*
A placa dizia: "Homens trabalhando".

## AT WORST

na pior das hipóteses

Hepatitis A vaccine is at best ineffective and ***at worst*** dangerous.
A vacina contra a hepatite A, na melhor das hipópteses, é ineficaz, e na pior das hipóteses, é até perigosa.

## BACK TO FRONT

B

ao contrário

*My son likes to wear his baseball cap **back to front**.*
Meu filho gosta de usar o boné de beisebol ao contrário.

## BAR NONE

sem exceção, de longe

*That's the best science fiction story I've ever read, **bar none**.*

Essa é, de longe, a melhor história de ficção científica que eu já li.

## BEFORE LONG

### em pouco tempo, logo

*We'd better take a taxi. There'll be a storm* ***before long.***
É melhor a gente tomar um táxi. Logo vai cair uma tempestade.

## BEHIND BARS

### atrás das grades, preso

*Nelson Mandela spent twenty-seven years* ***behind bars.***
Nelson Mandela passou 27 anos atrás das grades.

## BEHIND CLOSED DOORS

### atrás dos bastidores, secretamente

*The infamous deal was carried out* ***behind closed doors.***
O infame acordo foi fechado secretamente.

## BEHIND SCHEDULE

### atrasado

*We missed the flight because he got to the airport one hour* ***behind schedule.***

Perdemos o voo porque chegamos ao aeroporto com uma hora de atraso.

## BEHIND SOMEONE'S BACK

### pelas costas

*How dare you say such things **behind my back**?*
Como você se atreve a dizer essas coisas pelas minhas costas?

## BEHIND THE EIGHT BALL

### em dificuldade

*There was no doubt that all those videos put the governor **behind the eight ball**.*
Não havia dúvida de que todos aqueles vídeos deixavam o governador numa situação muito difícil.

## BEHIND THE SCENES

### atrás dos bastidores, secretamente

*I'm sure he'd rather work quietly **behind the scenes**.*
Tenho certeza de que ele prefere trabalhar em silêncio nos bastidores.

## BEHIND THE TIMES

### ultrapassado, obsoleto

*'You are at least ten years* ***behind the times****, my friend,' he said to me.*
"Você está no mínimo dez anos atrasado, meu amigo", ele me disse.

## BELOW AVERAGE

### abaixo da média

*Last winter temperatures were slightly* ***below average****.*
No inverno passado as temperaturas ficaram ligeiramente abaixo da média.

## BELOW FREEZING

### abaixo de zero

*Last year temperatures in some parts of the northern hemisphere dropped twenty or thirty degrees* ***below freezing****.*
No ano passado, a temperatura em certos países do hemisfério norte chegou a 20 ou 30 graus negativos.

## BELOW PAR

fraco, sofrível

*The album is not at all bad, except for one or two tracks* ***below par.***
O CD não é de todo ruim, com exceção de uma ou duas músicas bem fraquinhas.

## BELOW THE BELT

baixo, vil

*His remark about her hair was definitely a blow* ***below the belt!***
Seu comentário a respeito do cabelo dela foi sem dúvida uma baixaria!

## BESIDE THE POINT

irrelevante, dispensável

*To be honest, I found his comments way* ***beside the point.***
Para ser honesto, eu achei os comentários dele completamente dispensáveis.

## BETWEEN LIFE AND DEATH

entre a vida e a morte

*My poor uncle has been **between life and death** for months now.*
Meu pobre tio está entre a vida e a morte já faz meses.

## BETWEEN THE DEVIL AND THE DEEP BLUE SEA

entre a cruz e a espada, em situação difícil

*The opposition party finds itself **between the devil and the deep blue sea**.*
O partido de oposição encontra-se entre a cruz e a espada.

## BEYOND BELIEF

inacreditavelmente

*She was mad at us, mad **beyond belief**.*
Ela estava furiosa conosco, furiosa além da conta.

## BEYOND MEASURE

além da conta, em grande quantidade

*Her shrill voice irritated him **beyond measure**.*
Sua voz estridente o irritava ao extremo.

## BEYOND ONE'S MEANS

### acima de suas posses

*He usually stayed in hotels far* ***beyond his means.***
Ele costumava hospedar-se em hotéis muito acima de suas posses.

## BEYOND ONE'S WILDEST DREAMS

### mais/melhor do que se poderia esperar

*Getting a scholarship at Harvard University was* ***beyond my wildest dreams.***
Conseguir uma bolsa de estudos na Universidade Harvard era mais do que eu poderia sequer imaginar.

## BEYOND QUESTION

### sem dúvida

*That he was perfectly capable of doing it was* ***beyond question.***
Que ele era perfeitamente capaz de fazer isso não havia dúvida nenhuma.

## BEYOND RECALL

### impossível de lembrar

*By the time he came back home from the war, Lucy's promises of eternal love had been lost* ***beyond recall.***

Quando ele voltou da guerra, as promessas de amor eterno de Lucy haviam se perdido na memória.

## BEYOND REPAIR

velho ou gasto demais para ser consertado

*The explosion damaged the engine **beyond repair.***
A explosão danificou o motor de forma irrecuperável.

## BEYOND THE PALE

inaceitável

*If even Milan was provincial in his opinion, Madrid was **beyond the pale.***
Se até Milão era uma cidade provinciana em sua opinião, Madrid então era inaceitável.

## BEYOND WORDS

sem palavras

*The beauty of the landscape was **beyond words.***
Não havia palavras para descrever a beleza da paisagem.

## BY A HAIR'S BREADTH

por um triz

*The Prime Minister escaped death **by a hair's breadth.***
O primeiro-ministro escapou da morte por um triz.

## BY A LONG CHALK

### nem de longe

*I'm not tired yet, not **by a long chalk**.*
Eu ainda não estou nem de longe cansado.

## BY A LONG WAY

### de longe, facilmente

*It was the best performance I had ever seen, **by a long way**.*
Foi, de longe, a melhor apresentação que eu já tinha visto.

## BY A MILE

### a uma grande distância

*Everyone agreed that Kaká was the best player on the pitch **by a mile** yesterday.*
Todos concordaram que Kaká foi de longe o melhor jogador em campo ontem.

## BY ALL ACCOUNTS

### na opinião de muita gente

***By all accounts**, the play was considered to be a great success.*
Na opinião de muita gente, a peça foi considerada um sucesso estrondoso.

## BY ALL APPEARANCES

aparentemente

***By all appearances,*** *he seemed to be above suspicion.*
Aparentemente, ele estava acima de qualquer suspeita.

## BY ALL MEANS

claro, evidentemente

*Yes,* ***by all means,*** *bring your boyfriend.*
Sim, claro, traga o seu namorado.

## BY AND BY

logo, em breve

*You guys will hear from us* ***by and by,*** *believe me.*
Logo vocês vão ter notícias nossas, acredite.

## BY AND LARGE

em geral

*It was* ***by and large*** *a good solution.*
Foi, de maneira geral, uma boa solução.

## BY ANY MEANS

### de qualquer jeito

*'We've got to defend our position* ***by any means*** *possible,' said the captain.*
"Temos de defender nossa posição do jeito que for possível", disse o capitão.

### de jeito nenhum

*It is not an easy job* ***by any means****, but I'm sure you can do it.*
Não é de maneira nenhuma uma tarefa fácil, mas tenho certeza de que você poderá realizá-la.

## BY CHANCE

### por acaso

*They came across an ancient statue quite* ***by chance*** *while building a subway station.*
Eles encontraram por acaso uma antiga estátua enquanto construíam uma estação de metrô.

## BY CHOICE

### de propósito, por vontade própria

*At the age of thirty-nine, she was childless* ***by choice****.*
Aos 39 anos, ela não tinha filhos por decisão pessoal.

## BY COINCIDENCE

### por coincidência

***By coincidence*** *she and I attended the same college.*
Por coincidência, eu e ela fizemos a mesma faculdade.

## BY FITS AND STARTS

### aos trancos e barrancos

*The fight against poverty advances by* ***fits and starts****.*
A luta contra a pobreza avança aos trancos e barrancos.

## BY FORCE

### à força

*Democracy cannot be imposed* ***by force****.*
A democracia não pode ser imposta pela força.

## BY FORCE OF HABIT

### por força do hábito

*Even after he had been retired for years, he would still,* ***by force of habit****, put on his uniform every morning.*
Mesmo depois de aposentado há anos, ele ainda, por força do hábito, vestia o uniforme todos os dias.

## BY HEART

### de cor

*After all these years I could still recite that poem **by heart**.*
Depois de todos esses anos, eu ainda sabia recitar aquele poema de cor.

## BY HOOK OR BY CROOK

### de qualquer maneira

*He got it into his mind that he had to acquire that painting **by hook or by crook**.*
Ele pôs na cabeça que tinha de adquirir aquele quadro de qualquer maneira.

## BY MISTAKE

### por engano

*I sent her that email **by mistake**.*
Eu mandei aquele e-mail para ela por engano.

## BY MYSELF (YOURSELF ETC.)

### sozinho

*'Help me,' she said. 'I can't do this **by myself**.'*
"Ajude-me", ela disse. "Eu não consigo fazer isso sozinha."

## BY NAME

de nome, por nome

*I knew her by sight, but not **by name**.*
Eu a conhecia de vista, não de nome.

## BY NO MEANS

de jeito nenhum

*The war on poverty is **by no means** over yet.*
A guerra contra a pobreza ainda não acabou de jeito nenhum.

## BY ONE'S OWN ACCOUNT

segundo, de acordo com

***By the manager's own account**, the robbers forced him to open the vault.*
Segundo o próprio gerente, os assaltantes o obrigaram a abrir o cofre.

## BY RETURN MAIL

pelo correio

*The contract came **by return mail**.*
O contrato chegou pelo correio.

## BY SIGHT

de vista

*I knew her* ***by sight****, but not by name.*
Eu a conhecia de vista, não de nome.

## BY THE RULES

de acordo com as regras

*There'll be no problem as long as everyone plays* ***by the rules****.*
Não haverá nenhum problema, contanto que todos joguem de acordo com as regras.

## BY THE SCORE

em grande número

*When the news spread, his friends rallied* ***by the score****.*
Quando a notícia se espalhou, seus amigos apareceram em grande número.

## BY THE WAY

a propósito, aliás

*'****By the way****, my name is James. James Bond,' he said.*
"A propósito, meu nome é James. James Bond", ele disse.

D

## DESPITE ONESELF

sem querer

*'I do,' she said, her mouth trembling a little, **despite herself**.*
"Sim", ela disse, a boca, sem querer, tremendo um pouco.

## DOWN IN THE MOUTH

triste, deprimido

*'There's no need to be so **down in the mouth**,' she said with a smile.*
"Não há necessidade de ficar tão deprimido", disse ela com um sorriso.

## DOWN ON ONE'S LUCK

estar sem dinheiro em virtude do azar

*In this film Anthony Hopkins plays a **down on his luck** novelist.*
Neste filme Anthony Hopkins faz o papel de um escritor fracassado.

## DOWN THE DRAIN

água abaixo

*He sighed and said: 'twenty-two years of hard work **down the drain**'.*

Ele suspirou e disse: “22 anos de trabalho árduo foram por água abaixo”.

## DOWN THE LINE

### daqui a algum tempo

*I will meet Barry somewhere* ***down the line*** *and give him a piece of my mind.*
Qualquer dia desses eu encontro o Barry e lhe digo umas verdades.

## FOR A SONG

### por muito pouco dinheiro

*See that Chinese vase over there? I bought it* ***for a song*** *at a flea market.*
Está vendo aquele vaso chinês ali? Eu paguei uma ninharia por ele numa feirinha de objetos usados.

## FOR A START

### para início de conversa

*I don't think you should go out with him. He's too old for you,* ***for a start.***
Eu não acho que você devia sair com ele. Ele é velho demais para você, para início de conversa.

## FOR A WHILE

por um momento, durante um certo tempo

*He decided to stay there **for a while**.*
Ele resolveu ficar lá por uns tempos.

## FOR A WONDER

surpreendentemente, para espanto geral

***For a wonder**, she simply looked at him and said nothing.*
Ela, surpreendentemente, apenas olhou para ele e não disse nada.

## FOR AGES

há muito tempo

*I've been trying to get in touch with her **for ages**.*
Eu estou há séculos tentando entrar em contato com ela.

## FOR ALL I/HE/SHE/THEY CARE/CARES

por mim/ele/ela

*I was in love with her and **for all I cared**, she could go bald.*
Eu estava apaixonado por ela e, por mim, ela podia até ficar careca.

## FOR ALL I KNOW

### que eu saiba

***For all I know** it was not suicide, it was murder!*
Que eu saiba, não foi suicídio, foi assassinato!

## FOR ALL THE WORLD

### muito, exatamente

*When I first met her she looked **for all the world** like a movie star.*
Quando eu a vi pela primeira vez, ela parecia uma perfeita estrela de cinema.

## FOR APPEARANCES' SAKE

### só para manter as aparências

*The wedding was celebrated just **for appearances' sake**.*
O casamento foi celebrado só para manter as aparências.

## FOR BETTER OR FOR WORSE

### seja como for, em qualquer circunstância

*Gone are the days when a wife could do nothing but stay with her husband, **for better or for worse**.*
Já se foram os dias em que uma esposa não tinha outra coisa a fazer senão seguir seu marido, não importa em que circunstâncias.

## FOR CAUSE

por justa causa

*According to the contract he signed, in case he was fired **for cause**, no salary was due him.*
De acordo com o contrato que ele assinou, em caso de demissão por justa causa, ele não receberia nenhum salário.

## FOR CERTAIN

com certeza, sem dúvida

*None of them knew **for sure** who had written that letter.*
Ninguém sabia ao certo quem escrevera aquela carta.

## FOR CHICKEN FEED

por nada, por uma ninharia

*When he tried to sell me a Rolex **for chicken feed**, I knew it was fake.*
Quando ele tentou me vender um Rolex por uma ninharia, eu soube que era falso.

## FOR CHRIST'S/GOD'S/HEAVEN'S SAKE

pelo amor de Deus

*Stop that noise, **for Christ's sake!***
Pelo amor de Deus, pare com esse barulho!

## FOR CRYING OUT LOUD

pelo amor de Deus

*For **crying out loud**, stop that noise!*
Pelo amor de Deus, pare com esse barulho!

## FOR DAYS/HOURS/WEEKS/MONTHS ON END

durante dias/horas/semanas/meses a fio

*It's been snowing **for weeks on end**.*
Já está nevando há semanas sem parar.

## FOR DEAR LIFE

desesperadamente

*The child held to her mother's skirt, as if **for dear life**.*
O menino se agarrou à saia da mãe, como se sua vida dependesse disso.

## FOR EVER AND A DAY

para todo o sempre

*When he was taken to prison she said she would be waiting for him **for ever and a day**.*
Quando ele foi preso, ela disse que ficaria esperando por ele para todo o sempre.

## FOR EXAMPLE/FOR INSTANCE

### por exemplo

*I know a lot people there. Malcolm, **for example**, is my girlfriend's cousin.*
Eu conheço muita gente ali. Malcolm, por exemplo, é primo da minha namorada.

## FOR FREE

### de graça

*He agreed to play a few songs **for free** at a charity party.*
Ele concordou em tocar de graça algumas canções em uma festa beneficente.

## FOR FUN

### de brincadeira, por prazer

*'I'm retired,' Guga said in an interview. 'Nowadays, I just play **for fun**.'*
"Estou aposentado", disse Guga em uma entrevista. "Hoje eu só jogo de brincadeira."

## FOR GOOD/KEEPS

### para sempre

*If you do that you'll lose her **for good**.*
Se você fizer isso, você a perderá para sempre.

## FOR HIRE/RENT

aluga-se, para alugar

*There are four tennis courts available **for hire** at the hotel.*
Há quatro quadras de tênis que podem ser alugadas no hotel.

## FOR KICKS

de brincadeira

*'We beat him up **for kicks**,' the young man said cynically.*
"Nós demos uma surra nele só de farra", disse o rapaz cinicamente.

## FOR LOVE

por amor

*He had the nerve to say that he did it **for love**.*
Ele teve a coragem de dizer que fez isso por amor.

## FOR MONEY

por dinheiro

*She married **for money**, and got just what she wanted.*
Ela se casou por dinheiro e conseguiu o que queria.

## FOR NOTHING

### de graça

*You don't expect me to work for you* ***for nothing****, do you?*
Você não está esperando que eu trabalhe para você de graça, né?

### por nada

*He was not called 'angel of death'* ***for nothing!***
Ele não era chamado de "anjo da morte" por nada!

## FOR OLD TIMES' SAKE

### em nome do passado, para recordar o passado

*How about a drink, just* ***for old times' sake?***
Que tal um drinque, só para lembrar os bons tempos?

## FOR ONE'S OWN SAKE

### para o seu próprio bem

*Don't be mad at me. I'm just saying this* ***for your own sake.***
Não fique bravo comigo. Eu só estou dizendo isso para o seu próprio bem.

## FOR PLEASURE

por prazer

*He did it **for pleasure**, not for money.*
Ele fez por prazer, não por dinheiro.

## FOR REAL

de verdade, para valer

*Is this **for real**? That's what I want to know.*
É para valer? É isso que eu quero saber.

## FOR SALE

à venda

*They have put their apartment up **for sale**.*
Eles puseram o apartamento à venda.

## FOR THAT MATTER

da mesma forma, igualmente

*At that time, football and, **for that matter**, ice hockey were rougher than they are now.*
Naquela época, o futebol e, da mesma forma, o hóquei sobre o gelo eram mais violentos do que hoje.

## FOR THE FIRST TIME

### pela primeira vez

***For the first time*** *in days she seemed to recognize me.*
Pela primeira vez em vários dias ela parecia estar me reconhecendo.

## FOR THE LAST TIME

### pela última vez

*Listen to me, Joe,* ***for the last time****. Go home and talk to Jane.*
Ouça-me, Joe, pela última vez. Vá para casa e converse com a Jane.

## FOR THE LIFE OF SOMEONE

### por mais importante que seja/fosse

***For the life of him*** *he couldn't understand what was going on.*
Por mais que tentasse, ele não conseguia entender o que estava acontecendo.

## FOR THE REST

### quanto ao resto, quanto às demais partes

*The book contains one or two brilliant passages.* ***For the rest****, it is rather dull.*

O livro contém uma ou duas passagens brilhantes. Quanto ao resto, ele é bem chato.

## FOR THE TIME BEING

### por enquanto

*It's OK **for the time being**. But sooner or later we'll have to change it.*
Está bem por enquanto. Mas cedo ou tarde nós vamos ter que mudá-lo.

## FOR THE WORLD

### por nada nesse mundo

*I wouldn't miss her birthday party **for the world**.*
Eu não perderia o aniversário dela por nada nesse mundo.

## FROM AGE TO AGE

### de uma geração ou época para outra

*The idea of freedom varies **from age to age**.*
A ideia de liberdade varia de uma época para outra.

## FROM BEGINNING TO END

### do começo ao fim

*He told the police all the plan **from beginning to end**.*
Ele contou à polícia o plano todo, do começo ao fim.

## FROM DOOR TO DOOR

### de porta em porta

*From my window I could see a young man with a briefcase, probably a salesman, going* ***from door to door*** *offering his things.*
Da minha janela dava para ver um rapaz com uma pasta, provavelmente um vendedor, indo de porta em porta oferecendo sua mercadoria.

## FROM EXPERIENCE

### por experiência própria

*I knew* ***from experience*** *that it was a very difficult job.*
Eu sabia por experiência própria que era um serviço muito difícil.

## FROM HEAD TO FOOT

### da cabeça aos pés

*'How are you, Don?,' I asked. 'Rotten* ***from head to foot,'*** *he answered.*
"Como vai, Don?", eu perguntei. "Podre da cabeça aos pés", ele respondeu.

## FROM MEMORY

de memória

*He could recite many of Shakespeare's sonnets **from memory**.*
Ele sabia recitar muitos sonetos de Shakespeare de memória.

## FROM NECESSITY

só de nome, por necessidade

*We accepted those restrictions not from conviction but **from necessity**.*
Nós aceitávamos aquelas restrições não por convicção, mas por necessidade.

## FROM NOW ON

de agora em diante

*'**From now on** I'll try to be more careful,' he thought.*
"De agora em diante, vou tentar ter mais cuidado", ele pensou.

## FROM SCRATCH

da estaca zero, desde o começo

*If you had to start **from scratch** what would you do differently?*

Se você tivesse que começar da estaca zero, o que você faria de diferente?

## FROM SIDE TO SIDE

### de um lado para o outro

*He looked constantly* ***from side to side****, as if he expected an attack at any moment.*
Ele olhava constantemente de um lado para o outro, como se esperasse um ataque a qualquer momento.

## FROM START TO FINISH

### do começo ao fim

*We'll follow the course of the experiment* ***from start to finish****.*
Acompanharemos o desenvolvimento da experiência do começo ao fim.

## FROM THAT DAY ON

### daquele dia em diante

***From that day on*** *I never saw her again.*
Daquele dia em diante eu nunca mais a vi.

## FROM THE BOTTOM OF ONE'S HEART

### do fundo do coração

***From the bottom of my heart*** *I'd like to apologize for all the trouble I've caused.*
Do fundo do coração, eu gostaria de me desculpar por todos os problemas que eu causei.

## FROM THE CRADLE TO THE GRAVE

### desde o nascimento até a morte

*She was taught to believe that God would look after her* ***from the cradle to the grave****.*
Ela foi ensinada a acreditar que Deus olharia por ela desde o nascimento até a morte.

## FROM THE FIRST

### desde o início

***From the first*** *that soap opera fascinated me.*
Desde o início, aquela novela me fascinou.

## FROM THE START

### desde o início

*We'd better make it clear* ***from the start*** *that we are not in favor of violence.*

É bom deixar claro desde o início que não somos a favor da violência.

## FROM THEN ON

### daquela época em diante

*They gave him a harmonica and **from then on** he always carried it with him everywhere he went.*
Eles lhe deram uma gaita de boca e, a partir daí, ele sempre a levava consigo aonde quer que fosse.

## FROM TIME TO TIME

### de tempos em tempos

*Don't forget to check them **from time to time**.*
Não se esqueça de examiná-los de tempos em tempos.

## FROM TOP TO BOTTOM

### de alto a baixo

*He was a dreamer who believed he ought to change society **from top to bottom**.*
Ele era um sonhador que achava que tinha de mudar a sociedade de alto a baixo.

## FROM WAY BACK

de longa data, há muito tempo

*We're friends **from way back**.*
Somos amigos há muito tempo.

## IN A (PRETTY) PICKLE

I

em dificuldade, numa encrenca

*He got himself **in a pickle** when the police found marijuana in his car.*
Ele se viu encrencado quando a polícia encontrou maconha em seu carro.

## IN A BAD MOOD

de mau humor

*The general seemed to be **in a bad mood** that morning.*
O general parecia estar de mau humor naquela manhã.

## IN A BIND

em uma situação difícil

*Professor Carlton was really **in a bind** after his students decided not to attend his classes any more.*
O professor Carlton ficou numa situação difícil depois que os alunos resolveram não assistir mais às suas aulas.

## IN A DAZE

como que em estado de choque

*'Yes, she is dead,' Tom said, leaving Betty **in a daze**.*
"Sim, ela está morta", disse Tom, deixando Betty chocada.

## IN A DEAD HEAT

juntos, empatados

*All polls show **a dead heat** between the two candidates.*
Todas as pesquisas mostram um empate entre os dois candidatos.

## IN A FIT STATE

em condições

*The two doctors agreed that the man was not **in a fit state** of health for the operation.*
Os dois médicos concordaram que o homem não estava em condições de ser operado.

## IN A FIX

em dificuldade, numa encrenca, em apuros

*I see you're **in a fix**, my friend.*
Estou vendo que você está em apuros, meu amigo.

## IN A FLASH

rapidamente, num instante

*His mood changed* ***in a flash*** *when she came in.*
Seu humor mudou na hora quando ela entrou.

## IN A FOG

confuso

*Still* ***in a fog,*** *all she did was stare at him.*
Ainda confusa, ela só ficava olhando para ele.

## IN A FURY

furioso

***In a fury*** *she rose from the table and left the restaurant.*
Furiosa, ela se levantou da mesa e saiu do restaurante.

## IN A GOOD MOOD

de bom humor

*I was pleased that Mr. Carter was* ***in a good mood*** *that morning.*
Fiquei contente em ver que o senhor Carter estava de bom humor naquela manhã.

## IN A HUFF

de mau humor

*'If you don't believe me, ask him,' she said* ***in a huff*** *at being doubted.*
"Se você não acredita em mim, pergunte a ele", ela disse de mau humor ao ser questionada.

## IN A HURRY

com pressa

*'Later,' he said. 'I'm* ***in a hurry*** *now.'*
"Mais tarde", ele disse. "Agora estou com pressa."

## IN A JAM

em apuros, em maus lençóis

*I see you're* ***in a jam,*** *my friend.*
Estou vendo que você está em apuros, meu amigo.

## IN A JIFFY

em um minuto, em um instante

*Sit down and have some coffee. She'll be round* ***in a jiffy.***
Sente-se e tome um café. Ela estará aqui num minuto.

## IN A LATHER

nervoso, agitado

*The news got everybody* ***in a lather.***
A notícia deixou todo mundo agitado.

## IN A MINUTE

num instante

*Sit down, please. She'll come here* ***in a minute.***
Sente-se, por favor. Ela virá aqui num minuto.

## IN A NUTSHELL

em resumo, em poucas palavras

*To put it* ***in a nutshell,*** *they behaved like spoiled kids.*
Para resumir em poucas palavras, eles se comportaram como crianças mimadas.

## IN A QUANDARY

em dúvida

*Her statement put him* ***in a quandary.***
A declaração dela deixou-o num dilema.

## IN A RUSH

### com pressa

*'I can't speak to you now. I'm* ***in a mad rush,'*** *he said as he got into his car.*
"Não dá para falar com você agora. Estou com uma pressa danada", ele disse ao entrar no carro.

### apressadamente, de repente

*'Don't leave this room until I'm back, OK?,' he said* ***in a rush.***
"Não saia desta sala até que eu volte, está bem?", ele disse apressadamente.

## IN A SENSE

### num certo sentido

*I admit I was acting as devil's advocate* ***in a sense.***
Eu admito que num certo sentido eu estava agindo como advogado do diabo.

## IN A STAGE WHISPER

### num sussurro audível

*'I told you she was nuts, didn't I?' he added* ***in a stage whisper.***
"Eu lhe disse que ela era louca, não disse?", ele acrescentou em voz baixa, mas que dava para ouvir.

## IN A TIGHT SPOT

em dificuldade, em apuros

*Let's just say I got* ***in a tight spot.***
Digamos que eu estou apuros.

## IN A TRANCE

em transe

*She got up and dressed as though* ***in a trance.***
Ela se levantou e vestiu-se como se estivesse em transe.

## IN A WAY

de certo modo

***In a way*** *it was a pity that they should meet on such a sad occasion.*
De certa maneira, foi uma pena que eles se conhecessem numa ocasião tão triste.

## IN A WHISPER

num sussurro

*'I love you,' he said* ***in a whisper.***
"Eu te amo", ele disse num sussurro.

## IN A WORD

numa palavra, em resumo

*I found them inadequate, inconvenient and immoral.* ***In a word**, useless.*
Eu os achei inadequados, inconvenientes e imorais. Em resumo, inúteis.

## IN ACCORD

de acordo

*Father McKinley and I were not **in accord** over the future of the diocese.*
Eu e o padre McKinley não estávamos de acordo com relação ao futuro da diocese.

## IN ACTION

em ação

*We could see the new laser equipment **in action**.*
Vimos o novo equipamento de laser em ação.

## IN ADVANCE

adiantado

*All tourist visits should be booked **in advance**.*
Todas as visitas de turistas devem ser reservadas antecipadamente.

## IN ALL

ao todo

*Six cats, three dogs, and one parrot – ten pets* ***in all.***
Seis gatos, três cães e um papagaio – dez animais ao todo.

## IN ALL SERIOUSNESS

falando seriamente

*He said* ***in all seriousness*** *that alcohol had nothing to do with it.*
Com toda seriedade ele disse que o álcool não tinha nada a ver com aquilo.

## IN ANY CASE

de qualquer forma

*In spite of his friends' objections, he was* ***in any case*** *an innovator.*
Apesar das críticas de seus amigos, ele era, de qualquer forma, um inovador.

## IN APPLE-PIE ORDER

em perfeita ordem

*The police found everything* ***in apple-pie order.***
A polícia achou tudo na mais perfeita ordem.

## IN ARREARS

atrasado

*Their rent is three months* ***in arrears.***
O aluguel deles está três meses atrasado.

## IN ASHES

reduzido a cinzas

*In 1666, there was a great fire in London and after five days most of the city lay* ***in ashes.***
Em 1666, houve um grande incêndio em Londres e depois de cinco dias a maior parte da cidade ficou reduzida a cinzas.

## IN BAD FAITH

de má fé

*He was accused of acting* ***in bad faith.***
Ele foi acusado de agir de má fé.

## IN BAD REPAIR

em mau estado de conservação

*The car is* ***in bad repair.***
O carro está em mau estado de conservação.

## IN BED

### na cama, de cama

*He's **in bed** with mumps.*
Ele está de cama com caxumba.

### dormindo

*I was **in bed** when they arrived.*
Eu estava dormindo quando eles chegaram.

## IN BETWEEN

### no meio, entre uma coisa e outra

*To him, people were either good or bad, with nothing **in between**.*
Para ele, as pessoas ou eram boas ou eram más, sem meio-termo.

## IN BLACK AND WHITE

### por escrito, preto no branco

*'I want everything written down **in black and white**,' he said.*
"Eu quero tudo escrito direitinho, preto no branco", ele disse.

## IN BLOOM

em flor

*It's Christmas time and hyacinths are already* ***in bloom.***
É Natal e os jacintos já estão em flor.

## IN BRIEF

em resumo

*Italy, Portugal, France —* ***in brief,*** *most European Union countries only have a relative degree of financial autonomy.*
Itália, Portugal, França — em resumo, a maioria dos países da União Europeia só tem um relativo grau de autonomia financeira.

## IN BROAD DAYLIGHT

em plena luz do dia

*He was killed in the street* ***in broad daylight.***
Ele foi morto na rua em plena luz do dia.

## IN BULK

a granel

*This contract will enable us to buy goods* ***in bulk.***
Este contrato vai permitir que nós compremos mercadoria a granel.

## IN CASH

em dinheiro

*The 35,000 dollars were paid directly by Mr. Jones, **in cash**, to Mrs. Stuart.*
Os 35 mil dólares foram pagos diretamente pelo senhor Jones, em dinheiro, à senhora Stuart.

## IN CLOVER

com conforto, no luxo

*It was a nice house, he thought, and with a dog and an open fire he might be **in clover** there.*
Era uma casa legal, ele pensou, e com um cachorro e uma lareira ele até que poderia viver muito bem ali.

## IN CODE

em código

*I couldn't read the message because it had been written **in code**.*
Não consegui ler a mensagem porque ela tinha sido escrita em código.

## IN COLD BLOOD

a sangue frio

*He murdered the whole family **in cold blood**.*
Ele assassinou a família toda a sangue frio.

## IN COMFORT

com conforto

*After a hard day's work all I want is to relax **in comfort**.*
Depois de um dia duro de trabalho, eu só quero relaxar confortavelmente.

## IN COMMAND

em comando

*I was to meet the captain **in command** at noon.*
Eu devia me encontrar com o capitão em comando ao meio-dia.

## IN CONCLUSION

concluindo

***In conclusion**, all I want to say is thank you very much indeed.*
Concluindo, eu só quero dizer muito obrigado.

## IN CONFIDENCE

em confiança

*Everything he told me was* ***in confidence.***
Tudo que ele me contou foi em confiança.

## IN DANGER

em perigo

*The poor child's life is* ***in danger!***
A vida da pobre criança está em perigo!

## IN DEBT

endividado

*I got desperate, because I was drowning* ***in debt.***
Eu fiquei desesperado, porque estava me afogando em dívidas.

## IN DEEP WATER

em apuros, em maus lençóis

*If the auditors checked the accounts he would be* ***in deep water.***
Se os auditores examinassem as contas, ele estaria em apuros.

## IN DETAIL

em detalhe, minuciosamente

*He explained the plan **in detail**.*
Ele explicou o plano em detalhe.

## IN DIFFICULTY

em dificuldade

*I can always count on him when I'm **in difficulty**.*
Eu sempre posso contar com ele quando estou em apuros.

## IN DISGUISE

disfarçado

*He had to leave the country **in disguise**, otherwise he would have been arrested.*
Ele teve de sair do país disfarçado, caso contrário teria sido preso.

## IN DISPUTE

em discussão

*His uncle's inheritance has been **in dispute** for three years.*
A herança do seu tio está sendo discutida há três anos.

## IN DISTRESS

aflito, angustiado

*The woman was visibly **in distress**.*
A mulher estava visivelmente aflita.

## IN DOUBT

em dúvida

*'Don't buy it if you're **in doubt**,' he said to me.*
"Não compre, se você está em dúvida", ele me disse.

## IN DUE TIME

no devido tempo

*'Don't worry, Mr. Harris, you will receive your reward **in due time**,' she said to him.*
"Não se preocupe, senhor Harris, o senhor receberá sua recompensa no devido tempo", ela lhe disse.

## IN EARNEST

seriamente, a sério

*The election campaign started **in earnest** two weeks ago.*
A campanha eleitoral começou para valer duas semanas atrás.

## IN ECSTASY

extasiado

*She closed her eyes **in ecstasy** as the orchestra began to play.*
Ela fechou os olhos extasiada quando a orquestra começou a tocar.

## IN EFFECT

na verdade, com efeito

*These carpets are, **in effect**, all hand-made.*
Estes tapetes, com efeito, são todos feitos à mão.

## IN FACT

de fato, na verdade

*I wasn't sure he was an honest man. **In fact**, I didn't trust him at all.*
Eu não tinha certeza de que ele era um homem honesto. Na verdade, eu não confiava nele em absoluto.

## IN FITS OF LAUGHTER

rindo muito

*All of a sudden Tom walked in, dressed in an outrageous T-shirt that had us all **in fits of laughter**.*

De repente, Tom entrou, vestindo uma camiseta ridícula que fez todo mundo cair na gargalhada.

## IN FLAMES

### em chamas

*The old movie theater was **in flames**.*
O velho cinema estava em chamas.

## IN FULL

### por extenso

*You should have written your name **in full**, that is, without any abbreviations.*
Você devia ter escrito o nome por extenso, isto é, sem abreviações.

### completamente, no total

*The debt must be paid **in full** by September 10.*
A dívida tem de ser saldada completamente até o dia 10 de setembro.

## IN FULL SWING

### no auge, no ponto máximo

*By midnight, when they arrived, the party was **in full swing**.*
À meia noite, quando eles chegaram, a festa estava na maior animação.

## IN GOOD CONSCIENCE

por dever de consciência

*__In good conscience__ I could not accept his money.*
Por dever de consciência, eu não podia aceitar o dinheiro dele.

## IN GOOD HANDS

em boas mãos

*I took my children to school, knowing that they were __in good hands__ there.*
Eu levei meus filhos para a escola, sabendo que lá eles estavam em boas mãos.

## IN GOOD FAITH

de boa fé

*If you acted __in good faith__, there's no need to apologize.*
Se você agiu de boa fé, não há por que se desculpar.

## IN GOOD REPAIR

em bom estado de conservação

*Even after all those years, the carpets and the portraits were still __in good repair__.*
Mesmo depois de tantos anos, os tapetes e os quadros ainda estavam em bom estado.

## IN GOOD TIME

no seu devido tempo

*We'll deal with this question* ***in good time.***
Nós cuidaremos dessa questão no seu devido tempo.

com antecedência, cedo, antes da hora

*If you want a good seat, you'd better get there* ***in good time.***
Se você quiser um bom lugar, é melhor chegar lá antes.

## IN HALF

pela metade

*She folded the napkin* ***in half*** *and put it back into the drawer.*
Ela dobrou o guardanapo ao meio e guardou-o na gaveta.

## IN HARMONY

em harmonia

*When will people live* ***in harmony****?*
Quando é que as pessoas vão viver em paz?

## IN HEAT

no cio

*I think our cat has just come **into heat**.*
Eu acho que a nossa gata acabou de entrar no cio.

## IN HEIGHT

de altura

*Uncle Harry was a short man, about 5 feet 4 inches **in height**.*
Tio Harry era um homem baixo, de cerca de um metro e sessenta de altura.

## IN HIGH SPIRITS

alegre, animado, de alto astral

*They all went back to the hotel **in high spirits**.*
Todos eles voltaram para o hotel bem animados.

## IN INK/PENCIL

a tinta, a caneta/a lápis

*You must write the test **in ink**, not **in pencil**, of course.*
Você tem de fazer a prova a caneta, não a lápis, é claro.

## IN JAIL

na cadeia

*Why is he **in jail** this time?*
Por que ele está preso dessa vez?

## IN JEOPARDY

em perigo

*His whole career was **in jeopardy** now.*
Toda sua carreira estava agora em perigo.

## IN JEST

de brincadeira

*He insisted that it had all been said **in jest**.*
Ele insistiu que tudo aquilo tinha sido dito em tom de brincadeira.

## IN KIND

em espécie

*The poor peasant paid the doctor **in kind**: two chickens and a bag of apples.*
O pobre camponês pagou o médico em espécie: duas galinhas e um saco de maçãs.

## IN LENGTH

de comprimento

*The snake she found in her garden was about one meter **in length.***
A cobra que ela encontrou no jardim tinha mais ou menos um metro de comprimento.

## IN LESS THAN NO TIME

rapidamente, em pouquíssimo tempo

*An ambulance arrived **in less than no time.***
Uma ambulância chegou rapidamente.

## IN LOVE WITH

apaixonado por

*I'm **in love with** her.*
Estou apaixonado por ela.

## IN LUXURY

com luxo

*He lived all his life **in** great **luxury.***
Ele passou a vida toda em meio a muito luxo.

## IN MOTION

em movimento, em funcionamento

*The little girl fell asleep as soon as the train was* ***in motion.***
A garotinha dormiu assim que o trem se pôs em movimento.

## IN MOURNING

de luto

*The poor man looked as if he was* ***in mourning.***
O pobre homem parecia que estava de luto.

## IN NAME ONLY

só de nome

*Don't misunderstand me. I'm the owner of this estate* ***in name only.***
Não me entenda mal. Eu sou o dono desta propriedade só de nome.

## IN NO TIME

em pouco tempo

*I'll see you get your money back* ***in no time*** *at all.*
Vou providenciar para que você receba o seu dinheiro de volta em pouco tempo.

## IN ONE'S TIME

antigamente, anos atrás

***In my time** things were different.*
No meu tempo, as coisas eram diferentes.

## IN ONE'S OWN GOOD TIME

quando for conveniente, na hora certa

*'OK, I'll do it,' he said with conviction, 'but **in my own good time**'.*
"Está bem, eu vou fazer", ele disse com convicção, "mas na hora certa."

## IN ORBIT

em órbita

*50-year-old Vanguard I is still **in orbit**.*
O Vanguard I, com 50 anos de idade, ainda está em órbita.

## IN ORDER

em ordem, em boas condições

*The elevator is **in order** again, thank God.*
O elevador está em ordem de novo, graças a Deus.

## IN OTHER WORDS

### em outras palavras

*She confessed she hated him.* ***In other words,*** *she admitted to having a motive for his murder.*
Ela confessou que o odiava. Em outras palavras, admitiu ter um motivo para assassiná-lo.

## IN PAIN

### com dor, sofrendo

*The horse was obviously* ***in pain*** *and had to be sacrificed.*
O cavalo estava obviamente sofrendo e precisou ser sacrificado.

## IN PART

### em parte

***In part*** *she was right.*
Em parte, ela estava certa.

## IN PARTICULAR

### em especial, em particular

*I've always been fascinated by sea animals,* ***in particular*** *the octopus.*
Eu sempre tive fascinação por animais marinhos, em particular o polvo.

## IN PASSING

de passagem

*He mentioned the incident **in passing.***
Ele mencionou o incidente de passagem.

## IN PERSON

em pessoa, pessoalmente

*I once saw Barack Obama **in person.***
Uma vez eu vi o Barack Obama em pessoa.

## IN PIECES

quebrado, em cacos

*The crystal glasses I ordered arrived **in pieces.***
As taças de cristal que eu encomendei chegaram em pedaços.

## IN PLAIN LANGUAGE

em linguagem clara

*He told her **in plain language** that she had to go.*
Ele lhe disse em linguagem clara que ela tinha que ir embora.

## IN PLAY

em jogo, dentro das linhas do campo ou da quadra

*'Try to keep the ball **in play**,' he said to her.*
"Tente manter a bola em jogo", ele lhe disse.

## IN PRACTICE

na prática

*He was a political prisoner, but **in practice** he was allowed to go anywhere he liked.*
Ele era um prisioneiro político, mas, na prática, ele podia ir aonde quisesse.

## IN PRINCIPLE

em princípio

*It was agreed **in principle** that no more houses would be built in the area.*
Ficou combinado, em princípio, que nenhuma outra casa seria construída na área.

## IN PRINT

impresso

*His poems first appeared **in print** in 1867.*
Seus poemas apareceram impressos pela primeira vez em 1867.

à venda

*Her new book has been **in print** for months now.*
Seu novo livro já está à venda há meses.

## IN PRIVATE

em particular, reservadamente

*'I'd like to have a word with you two **in private,'** he said.*
"Gostaria de conversar com vocês dois em particular", ele disse.

## IN PROFILE

de perfil

*Seen **in profile,** he looked fatter than he actually was.*
Visto de perfil, ele parecia mais gordo do que realmente era.

## IN PROGRESS

em andamento

*The party was already **in progress** when the police surrounded the place.*
A festa estava em pleno andamento quando a polícia cercou o lugar.

## IN PUBLIC

em público

*Not every mother finds it easy to feed her baby* ***in public.***
Não é toda mãe que acha fácil amamentar seu bebê em público.

## IN QUESTION

em questão, mencionado

*'Do you have an alibi for the night* ***in question?*** *' asked the detective.*
"Você tem um álibi para a noite em questão?" perguntou o detetive.

## IN REALITY

na realidade

*You may think this is simple, but* ***in reality*** *the situation is far more complex than that.*
Você pode achar que é simples, mas na realidade a situação é bem mais complexa que isso.

## IN ROUND NUMBERS

em números redondos

*Some 60 million people,* ***in round numbers,*** *were killed during World War II.*

Cerca de 60 milhões de pessoas, em números redondos, foram mortas durante a Segunda Guerra Mundial.

## IN RUINS

em ruínas

*He saw his career **in ruins** after the scandals.*
Ele viu sua carreira arruinada depois dos escândalos.

## IN SEVENTH HEAVEN

nas nuvens, muito feliz

*Obviously he was **in seventh heaven** over his victory in the election.*
É claro que estava muito feliz com sua vitória nas eleições.

## IN SHORT

em resumo

*Milk, eggs, sugar, butter... **In short**, all food was scarce in those years.*
Leite, ovos, açúcar, manteiga... Em resumo, toda a comida era escassa naqueles anos.

## IN SHORT SUPPLY

em falta

*Pork is **in short supply** at the moment.*
Carne de porco está em falta no momento.

## IN SHREDS

rasgado

*A fan jumped onto the stage and tore the singer's T-shirt **in shreds**.*
Uma fã pulou no palco e deixou a camisa do cantor toda rasgada.

## IN SINGLE FILE

em fila única, em fila indiana

*The prisoners walked **in single file** around the yard.*
Os prisioneiros caminhavam em fila indiana ao redor do pátio.

## IN SOMEONE'S BLOOD

no sangue

*My son has soccer **in his blood**.*
Meu filho tem o futebol no sangue.

## IN SOMEONE'S BOOK

na opinião de

***In my book*** *he's not good enough to be on our team.*
Na minha opinião, ele não tem condições de jogar no nosso time.

## IN SOMEONE'S SHOES

no lugar de

*I wish I were* ***in his shoes!***
Eu gostaria de estar no lugar dele!

## IN STOCK

em estoque

*I'm afraid we don't have that particular model* ***in stock*** *at present.*
Acho que não temos esse modelo em particular em estoque no momento.

## IN THE ABSTRACT

em abstrato, teoricamente

*Don't just think of the consequences* ***in the abstract.***
Não pense nas consequências apenas em abstrato.

## IN THE AIR

no ar

*'Who?' he said, leaving the question* ***in the air.***
"Quem?" ele disse, deixando a pergunta no ar.

## IN THE BAG

no papo, fácil

*Don't worry, the election is* ***in the bag.***
Não se preocupe, a eleição está no papo.

## IN THE BEGINNING

no começo, a princípio

*I think she felt a bit shy* ***in the beginning.***
Eu acho que ela estava um pouco tímida no começo.

## IN THE BLACK

no azul, livre de dívidas

*I'm confident that our firm will soon be back* ***in the black.***
Eu tenho certeza de que nossa firma logo estará no azul novamente.

## IN THE DARK

no escuro, sem saber

*Many young people seem to be **in the dark** about the dangers of unprotected sex.*
Muitos jovens parecem ignorar os perigos do sexo sem proteção.

## IN THE DISTANCE

à distância, de longe

*I couldn't recognize her **in the distance**.*
Não consegui reconhecê-la à distância.

## IN THE DOGHOUSE

em apuros, em maus lençóis

*If she got home late again, she would be **in the doghouse** with her father.*
Se ela chegasse tarde em casa de novo, ela estaria em maus lençóis com seu pai.

## IN THE END

no fim, por fim

*It took him a long time to answer, but **in the end** the answer was no.*

Ele pensou bastante antes de responder, mas no fim a resposta foi não.

## IN THE FINAL ANALYSIS

### em última análise

*No matter which political party is in power,* ***in the last analysis*** *it will be sooner or later involved in corruption schemes.*
Não importa qual partido político esteja no poder, em última análise, mais cedo ou mais tarde, ele estará envolvido em esquemas corruptos.

## IN THE FLESH

### em carne e osso

*I was a bit disappointed when I saw her* ***in the flesh.***
Eu fiquei um pouco desapontado quando a vi em carne e osso.

## IN THE FULLNESS OF TIME

### afinal, no fim

*I'm convinced he will,* ***in the fullness of time,*** *accept the post he was offered by the company.*
Estou convencido de que, no seu devido tempo, ele vai acabar aceitando o posto que lhe foi oferecido pela empresa.

## IN THE FUTURE

no futuro

*What will life be like* ***in the future?***
Como será a vida no futuro?

## IN THE GUTTER

na sarjeta, na miséria

*'Go on like this,' he said, 'and you'll end up* ***in the gutter.****'*
"Continue assim", ele disse, "e você acabará na miséria."

## IN THE INTERIM

nesse ínterim, nesse meio-tempo

*The last time we met was three years ago.* ***In the interim****, he has published two new books.*
A última vez que nos vimos foi há três anos. Nesse ínterim, ele publicou dois novos livros.

## IN THE KNOW

os íntimos, os que estão bem informados

*Journalists* ***in the know*** *say the governor won't last till next month.*

Os jornalistas que estão por dentro afirmam que o governador não dura até o mês que vem.

## IN THE LEAST

### de forma nenhuma

*The little dog didn't look* ***in the least*** *scared.*
O cachorrinho não parecia nada assustado.

## IN THE LONG RUN

### a longo prazo

*I have no doubt that their company will be successful* ***in the long run.***
Não tenho dúvida de que a companhia deles, a longo prazo, vai ter muito sucesso.

## IN THE LONG TERM

### a longo prazo

*I think it was the economist J. M. Keynes who once said that,* ***in the long term,*** *we will keep on worrying about the short term.*
Acho que foi o economista J. M. Keynes que certa vez disse que, a longo prazo, nós iríamos nos preocupar com o curto prazo.

## IN THE MAIN

no geral

*His methodology, **in the main**, seemed correct.*
Sua metodologia parecia, no geral, correta.

## IN THE MEANTIME

nesse ínterim, nesse meio-tempo

*A new subway line is being built. **In the meantime**, we'll have to use the bus.*
Uma nova linha de metrô está sendo construída. Nesse meio-tempo, vamos ter de tomar o ônibus.

## IN THE MIDDLE OF NOWHERE

no fim do mundo, em um lugar bem remoto

*We spent a few days in a nice little hotel out **in the middle of nowhere**.*
Nós passamos alguns dias num agradável hotelzinho perdido no fim do mundo.

## IN THE NEWS

no jornal, no noticiário

*His name is not often mentioned **in the news**.*
O nome dele não é muito mencionado no noticiário.

## IN THE NICK OF TIME

em cima da hora, no último minuto

*He managed to get on the train* ***in the nick of time.***
Ele conseguiu entrar no trem no último minuto.

## IN THE NUDE

nu

*She let herself be photographed* ***in the nude.***
Ela se deixou fotografar nua.

## IN THE OPEN

ao ar livre, lá fora

*She is feeling better now that she is out* ***in the open.***
Ela está se sentindo melhor agora que está lá fora.

## IN THE ORIGINAL

no original

*He read Goethe's Faust* ***in the original.***
Ele leu o Fausto, de Goethe, no original.

## IN THE PINK

muito bem de saúde

*She said she was* ***in the pink****, though it was obvious that she wasn't.*
Ela disse que estava bem, ainda que fosse óbvio que não estava.

## IN THE PIPELINE

em fase de preparação, em andamento

*The new project is not ready yet, but it is already* ***in the pipeline****.*
O novo plano não está pronto ainda, mas já está sendo desenvolvido.

## IN THE RAW

em estado bruto

*I must admit I'm not very keen on nature* ***in the raw****.*
Tenho que admitir que não sou muito chegado à natureza em estado bruto.

## IN THE RECKONING

entre os favoritos, disputando uma vaga

*He knew he was too old to be* ***in the reckoning*** *for a place on the Brazilian team.*

Ele sabia que estava velho demais para disputar um lugar na seleção brasileira.

## IN THE RED

no vermelho, com saldo negativo

*Do never let your account go* ***in the red.***
Nunca deixe sua conta entrar no vermelho.

## IN THE SAME BOAT

no mesmo barco, na mesma situação

*'Don't forget we're all* ***in the same boat,*** *' he said.*
"Não se esqueça de que estamos todos no mesmo barco", ele disse.

## IN THE SHORT RUN

a curto prazo

*Ethanol prices might rise* ***in the short run,*** *but that's only temporary.*
O preço do etanol pode subir no curto prazo, mas isso é apenas temporário.

## IN THE SHORT TERM

### a curto prazo

*What can the government do to create new jobs* ***in the short term****?*
O que o governo pode fazer para criar novos empregos a curto prazo?

## IN THE TWINKLING OF AN EYE

### num piscar de olhos

*The magician snapped his fingers and the bird disappeared* ***in the twinkling of an eye****.*
O mágico estalou os dedos e o pássaro desapareceu num piscar de olhos.

## IN THE WAY

### no meio do caminho

*He couldn't see what was ahead of him with that damned van* ***in the way****.*
Não dava para ele ver o que estava à frente com aquele maldito furgão no meio do caminho.

## IN THE WORKS

em andamento, sendo preparado

*Rumor has it that a new economic plan is **in the works.***
Há rumores de que um novo plano econômico está sendo preparado.

## IN THEORY

na teoria

*It sounds a lot easier **in theory** than in practice.*
Parece muito mais fácil na teoria do que na prática.

## IN TIME

a tempo

*He opened his mouth to say something but he stopped himself **in time.***
Ele abriu a boca para dizer alguma coisa, mas conteve-se a tempo.

## IN TRANSIT

em trânsito

*Some of the goods have been damaged **in transit.***
Parte da mercadoria foi danificada em trânsito.

## IN TURN

por sua vez, por seu turno

*Now the barber's shop had fewer customers, which **in turn** led to a fall in income.*
Agora a barbearia tinha menos clientes, o que por sua vez levava a uma queda no faturamento.

## IN UNIFORM

de uniforme

*He said he would like to have his portrait painted **in uniform**.*
Ele disse que gostaria que o pintor o retratasse de uniforme.

## IN UNISON

em uníssono, a uma só voz

*'Leave her alone,' said Dean and Carla **in unison**.*
"Deixe-a em paz", disseram Dean e Carla a uma só voz.

## IN USE

em uso, em funcionamento

*During the summer, our club has all their six courts **in use**.*
No verão, nosso clube mantém todas as seis quadras de tênis abertas.

## IN WEIGHT

### de peso

*They went fishing and the trout they caught were between 1lb and 4lb **in weight**.*
Eles saíram para pescar e as trutas que eles pegaram tinham entre uma e quatro libras de peso.

## IN WIDTH

### de largura

*They were about three inches **in width**.*
Eles tinham mais ou menos três polegadas de largura.

## IN FASHION

### na moda

*Brazil seems to be **in fashion** now.*
O Brasil parece que está na moda agora.

## IN SEASON

### na estação

*Strawberries are **in season** now.*
Agora é tempo de morango.

## IN SHAPE

### em forma

*Whenever I feel I'm not **in shape** I go on a strict diet to lose weight.*
Toda vez que eu não me sinto em forma, eu começo um regime rígido a fim de perder peso.

## INTO THE BARGAIN

### e ainda por cima

*Although he was exhausted and hungry, and with a migraine **into the bargain**, he thought he could not stop.*
Ainda que ele estivesse exausto e faminto, e com uma enxaqueca ainda por cima, ele achou que não podia parar.

N

## NOT UP TO A PAR

### aquém do esperado

*The director said that the scene was **not up to a par** and told the actors to repeat it.*
O diretor disse que a cena não estava satisfatória e mandou os atores fazerem de novo.

## NOT UP TO MUCH

não muito bom

*The play was **not up to much**, was it?*
A peça não foi lá essas coisas, né?

## OF ALL THE NERVE

O

que ousadia

*He went to his brother's wedding reception dressed in jeans and a T-shirt! **Of all the nerve!***
Ele foi à festa de casamento do irmão de jeans e camiseta! Que cara de pau!

## OF ALL THINGS

imagine só, era só o que faltava

*I told them they could count on me, and **of all things** they want me to take over Jack's place!*
Eu lhes disse que podiam contar comigo e — imagine só — eles querem que eu assuma o lugar do Jack!

## OF BENEFIT

benéfico, bom

*A new three-drug cocktail may be **of benefit** to a large number of HIV-infected people.*

Um novo coquetel composto de três medicamentos poderá ser benéfico para um grande número de pessoas infectadas pelo vírus HIV.

## OF COURSE

é claro, obviamente

*'Were they angry with you?' '**Of course** they were!'*
"Eles ficaram zangados com você?" "É claro que sim!"

## OF LATE

ultimamente, recentemente

*We have hardly seen him **of late**.*
Ultimamente, a gente quase não o tem visto.

## OF NO USE

sem utilidade

*That typewriter is **of no use** any longer.*
Essa máquina de escrever já não tem mais utilidade.

## OF ONE MIND

de acordo

*Jack is **of one mind** with me about her.*
Jack é da mesma opinião que eu a respeito dela.

## OF ONE'S OWN ACCORD

por sua própria vontade, voluntariamente

*He left the partnership **of his own accord**.*
Ele saiu da sociedade por sua própria vontade.

## OF THE OLD SCHOOL

de outros tempos, antigo, "da velha guarda"

*He's a doctor **of the old school**. He still visits his patients at home!*
Ele é um médico da velha guarda. Ele ainda visita seus pacientes em casa!

## OFF BASE

errado, fora da realidade

*I'm afraid you're **off base**. He won't come.*
Acho que você está enganado. Ele não virá.

## OFF BEAM

errado, enganado

*You're way **off beam** about him!*
Você está redondamente enganado a respeito dele!

## OFF LIMITS

proibido

*'Sorry, sir,' said the policeman, 'this area is **off limits** to visitors.'*
"Desculpe, senhor", disse o guarda, "esta área é proibida para visitantes."

## OFF THE RECORD

em caráter confidencial, longe dos gravadores

*What I told him was strictly **off the record**.*
O que eu contei a ele foi em caráter estritamente confidencial.

## OFF THE SHELF

referente a produtos prontos para consumo, não feitos sob medida ou por pedido

*They bought a three-piece suite **off the shelf**.*
Eles compraram um conjunto de sofá e duas poltronas que já estava na loja.

## OFF THE TOP OF ONE'S HEAD

sem pensar muito, precipitadamente

*When the auctioneer announced 'Going once, going twice...,' he raised his hand and said* ***off the top of his head:*** *'Five thousand!'*
Quando o leiloeiro anunciou "Dou-lhe uma, dou-lhe duas...", ele ergueu o braço e sem pensar muito disse: "Cinco mil!"

## OFF THE MARK

incorreto

*The forecast was* ***off the mark,*** *as usual.*
A previsão do tempo estava errada, como sempre.

## OFF-BALANCE

sem equilíbrio, de surpresa

*The blow caught him* ***off-balance*** *and he fell heavily to the floor.*
O golpe pegou-o de surpresa e ele veio ao chão pesadamente.

## OFF-KEY

fora do tom

*She didn't have a good voice but never sang **off-key**.*
Ela não tinha uma boa voz, mas nunca cantava fora do tom.

## ON A DAILY/ WEEKLY/ MONTHLY BASIS

por dia/ semana/ mês

*They are paid **on a daily/ weekly /monthly basis**.*
Eles são pagos por dia/ semana/ mês.

## ON A ROLL

tendo muito sucesso

*Rio de Janeiro has been **on a roll since** it was chosen to host 2016 Olympic Games.*
O Rio de Janeiro está fazendo muito sucesso desde que foi escolhido para sediar os Jogos Olímpicos de 2016.

## ON AN UP

feliz, contente

*After the good news I was **on an up** again.*
Depois da boa notícia eu voltei a ficar contente.

## ON AND OFF

de tempos em tempos, intermitentemente

*It has rained **on and off** most of the afternoon.*
Choveu intermitentemente quase a tarde toda.

## ON AND ON

continuamente

*I hate it when you keep **on and on** talking about your kids.*
Eu odeio quando você fica falando sem parar a respeito dos seus filhos.

## ON APPROVAL

em consignação

*The goods will be delivered to the buyer **on approval**.*
A mercadoria será enviada ao comprador em consignação.

## ON AVERAGE

em média

***On average**, a foreign tourist in Brazil spends 85 dollars a day.*
Em média um turista estrangeiro no Brasil gasta 85 dólares por dia.

## ON BENDED KNEE

de joelhos

*He went up to her and, **on bended knee**, asked her to marry him.*
Ele foi até ela e, de joelhos, pediu-a em casamento.

## ON BOARD

a bordo

*When the bunch of tourists saw the bus round the corner, they rushed to get **on board**.*
Quando o grupo de turistas viu o ônibus dobrar a esquina, eles correram para entrar.

## ON BUSINESS

a negócios

*My husband went to Rio de Janeiro **on business**.*
Meu marido viajou para o Rio de Janeiro a negócios.

## ON CALL

de serviço, de plantão

*Doctor Weber usually spends two weekends a month **on call**.*
O doutor Weber normalmente passa dois fins de semana por mês fazendo plantão no hospital.

## ON CLOUD NINE

### feliz da vida

*Pleased? No, more than pleased. I was* ***on cloud nine!***
Satisfeito? Não, mais do que satisfeito. Eu estava muitíssimo feliz!

## ON DEPOSIT

### guardado

*He had some money* ***on deposit*** *in a savings account.*
Ele tinha algum dinheiro guardado em caderneta de poupança.

## ON DRUGS

### drogado

*He must have been* ***on drugs*** *when he crashed his car.*
Ele devia estar drogado quando bateu o carro.

## ON DUTY

### de plantão

*There was only one lifeguard* ***on duty*** *that day.*
Naquele dia, só havia um salva-vidas de plantão.

## ON EASY STREET

com luxo, confortavelmente

*I could be **on easy street** now if I had listened to my father's advice.*
Eu poderia estar bem de vida se tivesse dado ouvidos aos conselhos do meu pai.

## ON EDGE

nervoso, ansioso

*When I interviewed him I could see he was **on edge**.*
Quando eu o entrevistei, eu percebi que ele estava nervoso.

## ON FIRE

em chamas

*Look! Mr. Clark's store is **on fire**!*
Olhe! A loja do senhor Clark está pegando fogo!

## ON FOOT

a pé

*It's a lovely village that is best explored **on foot**.*
É uma cidadezinha que é mais bem explorada a pé.

## ON FURTHER ACQUAINTANCE

### conhecendo melhor

*I didn't like him at first, but **on further acquaintance** I changed my mind.*
A princípio eu não gostei dele, mas depois, conhecendo-o melhor, mudei de ideia.

## ON GUARD

### de guarda

*Two armed policemen were left **on guard** at the entrance to the court.*
Dois policiais armados foram designados para ficar de guarda na entrada do tribunal.

## ON HOLD

### à espera para falar ao telefone

*The operator put me **on hold** because Dr. Thompson was on another line.*
A telefonista pediu para eu esperar na linha porque o doutor Thompson estava em outra ligação.

## ON HOLIDAY

### de férias

*I can't remember where we went **on holiday** last summer.*

Eu não me lembro de onde nós passamos as férias no verão passado.

## ON NO ACCOUNT

### de forma nenhuma

***On no account*** *should baggage be left unattended in a public place.*
Não se deve de maneira nenhuma deixar a bagagem sozinha num lugar público.

## ON OCCASION

### ocasionalmente, de vez em quando

Believe me, he can be extremely annoying on occasion.
Acredite em mim, às vezes ele é extremamente chato.

## ON OFFER

### em oferta

*Olive oil will be* ***on offer*** *until Wednesday.*
Azeite de oliva estará em oferta até quarta-feira.

## ON ONE CONDITION

com uma condição

*'I'll let you off,' said the policeman, '**on one condition:** that you apologize.'*
"Eu deixo você ir embora", disse o policial, "com uma condição: que você peça desculpas."

## ON ONE'S BEST BEHAVIOR

com o melhor comportamento possível

*Irreverent actor Tom Bates was **on his best behavior** when he was interviewed by David Letterman last night.*
O irreverente ator Tom Bates se comportou de forma irrepreensível ao ser entrevistado por David Letterman ontem à noite.

## ON ONE'S FEET

de pé

*Washing and cooking keeps me **on my feet** all day long.*
Lavar e cozinhar me mantêm de pé o dia todo.

## ON ONE'S FRONT

de bruços

*She was asleep, lying **on her front** with her head under the pillow.*

Ela estava dormindo de bruços, com a cabeça debaixo do travesseiro.

## ON ONE'S HONOR

### pela honra de alguém

*I swear **on my honor** that I have not received any money from those people.*
Juro pela minha honra que não recebi dinheiro daquelas pessoas.

## ON ONE'S MIND

### na mente, na cabeça

*I've got her **on my mind**.*
Ela não me sai da cabeça.

## ON ONE'S OWN

### sozinho

*As a poet he always works **on his own**.*
Como um poeta, ele sempre trabalha sozinho.

### sem ajuda de ninguém

*I'm sure you can make it **on your own**.*
Tenho certeza de que você consegue sozinho.

## ON ONE'S OWN ACCOUNT

por conta própria

*I decided to fire him **on my own account**.*
Resolvi despedi-lo por conta própria.

## ON ONE'S TOES

alerta, esperto

*As a private detective, I always have to be **on my toes**.*
Como detetive particular, eu sempre tenho que estar atento.

## ON ORDER

encomendado

*Six new planes are now **on order**. They will be in full use by the end of May.*
Seis novos aviões já foram encomendados e estarão sendo usados até o fim de maio.

## ON PINS AND NEEDLES

nervoso, ansioso

*We were **on pins and needles** until we heard that the surgery had been successful.*
Ficamos muito nervosos até que nos informaram que a cirurgia tinha sido um sucesso.

## ON PURPOSE

### de propósito

*I can't believe that he killed the kitten **on purpose**.*
Eu não posso acreditar que ele tenha matado o gatinho de propósito.

## ON SALE

### à venda

*Tickets for the show will be **on sale** from today.*
As entradas para o show estarão à venda a partir de hoje.

## ON SCHEDULE

### no horário, pontualmente

*At present most flights are departing and arriving **on schedule**.*
No momento, a maior parte dos voos está decolando e pousando no horário.

## ON SECOND THOUGHT(S)

### pensando bem

*'Fish or chicken?' 'Chicken, please. No, no, **on second thought**, I'll have fish.'*

"Frango ou peixe?" "Frango, por favor. Não, não, pensando bem, quero peixe."

## ON SOMEONE'S HEELS

### logo atrás

*He suspected that the mob was* ***on his heels****.*
Ele suspeitava que a máfia estava atrás dele.

## ON SOMEONE'S SAY-SO

### baseado na palavra de alguém

*I would never destroy a woman's reputation simply* ***on the say-so of her enemies****.*
Eu nunca destruiria a reputação de uma mulher simplesmente com base no que dizem seus inimigos.

## ON SPEAKING TERMS

### de bem, com um bom relacionamento

*I haven't been* ***on speaking terms*** *with my mother-in-law for months.*
Eu estou brigado com minha sogra há meses.

## ON TAPE

em fita

*We've got my daughter's wedding recorded **on tape**.*
Nós temos o casamento da minha filha gravado em fita.

## ON TARGET

preciso, exato

*Her description of the accident was **on target**.*
Sua descrição do acidente foi perfeita.

## ON THE AIR

no ar

*The governor was arrested soon after the compromising video went **on the air**.*
O governador foi preso logo depois que o vídeo comprometedor foi ao ar.

## ON THE ALERT

alerta, de prontidão

*After the 9/11 terrorist attacks, America has become a nation **on the alert**.*
Depois dos ataques terroristas de 11 de setembro, os Estados Unidos se tornaram um país em estado de alerta.

## ON THE BALL

a par, alerta

*As an economic adviser it was my job to keep the mayor* ***on the ball.***
Na qualidade de assessor econômico, era minha função manter o prefeito a par dos acontecimentos.

## ON THE BENCH

no banco de reservas de um time

*To everybody's surprise, Kaká will be* ***on the bench*** *next Sunday.*
Para surpresa de todos, Kaká estará no banco de reservas no próximo domingo.

## ON THE BLINK

quebrado, com defeito

*The washing machine is* ***on the blink.***
A máquina de lavar roupa está com defeito.

## ON THE BUTTON

correto, exato, na hora certa

*He was right* ***on the button*** *when he said she wouldn't come.*
Ele estava correto quando disse que ela não viria.

## ON THE CONTRARY

pelo contrário

*'Was the test difficult?' '**On the contrary**, it was a piece of cake.'*
"A prova foi difícil?" "Pelo contrário, foi moleza."

## ON THE DEFENSIVE

na defensiva

*I could see that he was tense now, **on the defensive**.*
Dava para ver que ele agora estava tenso, na defensiva.

## ON THE DOLE

vivendo do auxílio-desemprego

*How long has her husband been **on the dole**?*
Há quanto tempo o marido dela está vivendo do auxílio-desemprego?

## ON THE DOMESTIC FRONT

no plano interno, com relação ao próprio país

*Back in the eighties, computers were still a rarity on **the domestic front**.*
Nos anos 80, os computadores ainda eram uma raridade no plano interno.

## ON THE DOT

em ponto

*The ceremony began at eight o'clock **on the dot**.*
A cerimônia começou às oito horas em ponto.

## ON THE DOUBLE

rapidamente, repentinamente

*The robbers burst into the bank **on the double** and shouted 'Everybody on the floor!'*
Os ladrões invadiram o banco repentinamente e gritaram: "Todo mundo no chão!"

## ON THE FENCE

indeciso

*She's **on the fence** about having another baby.*
Ela está em dúvida quanto a ter mais um bebê.

## ON THE GO

em plena atividade, ocupado

*After three weeks in the hospital, I was anxious to be back **on the go**.*
Depois de três semanas no hospital, eu estava ansioso para volta à ativa.

## ON THE HORIZON

próximo, à frente

*I think we can already see some light* ***on the horizon.***
Acho que já dá para ver uma luz à nossa frente.

## ON THE HORNS OF A DILEMMA

entre a cruz e a espada

*Tossed* ***on the horns of a dilemma,*** *the opposition party didn't know what to do.*
Colocado entre a cruz e a espada, o partido de oposição não sabia o que fazer.

## ON THE HOUR

de hora em hora

*Messages will be transmitted in code* ***on the hour.***
As mensagens serão transmitidas em código a cada hora.

## ON THE HOUSE

por conta da casa, grátis

*The drinks are* ***on the house!***
A bebida é por conta da casa!

## ON THE JOB

na ativa, trabalhando

*In those days there were no training courses. You learned your trade **on the job**.*
Naquela época, não havia cursos de treinamento. Você aprendia o ofício trabalhando.

## ON THE LEVEL

honesto, legal

*As far as I know he's **on the level**.*
Que eu saiba, ele é honesto.

## ON THE LOOKOUT

atento, prestando atenção, à procura

*The restaurant was **on the lookout** for someone with experience in Thai cooking.*
O restaurante estava à procura de alguém com experiência em comida tailandesa.

## ON THE LOOSE

à solta

*The 65-year-old pedophile is now **on the loose** but under strict control.*

O pedófilo de 65 anos de idade agora está solto, porém sob estrita vigilância.

## ON THE MAKE

tentando levar vantagem de maneira nem sempre honesta

*He was described as a charming loafer, always **on the make**.*
Ele foi descrito como um adorável vagabundo, sempre pronto para ganhar dinheiro com pouco ou nenhum esforço.

## ON THE MARK

correto

*Their estimate was **on the mark**.*
O orçamento deles estava correto.

## ON THE MARKET

à venda

*His house came **on the market** three months ago.*
Ele pôs a casa à venda três meses atrás.

## ON THE MEND

melhorando, sarando

*How's your father? Is he **on the mend**?*
Como está seu pai? Ele está melhor?

## ON THE MOVE

de um lado para outro

*She never stayed in one job for very long. She was always **on the move**.*
Ela nunca ficava num emprego durante muito tempo. Estava sempre indo de um lugar para outro.

## ON THE NOSE

exatamente

*He counted his money aloud: thirteen dollars **on the nose**.*
Ele contou o dinheiro em voz alta: exatamente 13 dólares.

## ON THE OFF-CHANCE

contando com uma pequena chance

*I rang Frank **on the off-chance** that he might still be at home.*

Eu liguei para o Frank na esperança de que ele ainda estivesse em casa.

## ON THE OFFENSIVE

na ofensiva

*For some time we were **on the offensive**.*
Por algum tempo nós estivemos na ofensiva.

## ON THE ONE HAND/ON THE OTHER HAND

por um lado/por outro lado

*He blamed the communists **on the one hand** and the socialists **on the other** for the failure of the plan.*
Ele culpou por um lado os comunistas e por outro os socialistas pelo fracasso do plano.

## ON THE QUIET

em segredo, secretamente

*She flirted with Randon **on the quiet**.*
Ela flertava com o Randon em segredo.

## ON THE RIGHT TRACK

no caminho certo

*That little discovery of mine suggested that I was **on the right track**.*
Aquela pequena descoberta minha sugeria que eu estava no caminho certo.

## ON THE ROAD

na estrada, viajando, em turnê

*The group will go **on the road** again next Saturday.*
A banda vai partir para mais uma turnê no próximo sábado.

## ON THE ROCKS

com gelo

*How do you prefer your whiskey, straight or **on the rocks**?*
Como você prefere o seu uísque, puro ou com gelo?

## ON THE RUN

fugindo, em fuga

*They looked like robbers **on the run**.*
Eles pareciam ladrões fugindo da polícia.

em atividade, ocupado

*She's been **on the run** all day, trying to collect all the information she needed.*
Ela passou o dia todo correndo de lá para cá, tentando conseguir as informações de que precisava.

## ON THE SIDE OF THE ANGELS

do lado certo, fazendo a coisa certa

*As far as economic policy is concerned, I believe the government is **on the side of the angels**.*
No que diz respeito à política econômica, eu acredito que o governo está agindo corretamente.

## ON THE SPOT

na hora marcada, no lugar certo

*He was taken to the hospital with a swollen foot which had to be lanced **on the spot**.*
Ele foi levado ao hospital com um pé inchado que tinha de ser lancetado naquela hora.

em dificuldades

*That will create an embarrassment that would put us **on the spot**.*
Isso criaria um constrangimento que nos deixaria em dificuldades.

## ON THE SPUR OF THE MOMENT

### sem pensar, inesperadamente, de repente

*She said that* ***on the spur of the moment.***
Ele disse aquilo sem pensar.

*They decided to buy the house* ***on the spur of the moment.***
Eles resolveram comprar a casa por impulso.

## ON THE STOCKS

### em construção, em desenvolvimento

*He explained that among new products* ***on the stocks*** *is a revolutionary computer system.*
Ele explicou que entre os novos produtos em desenvolvimento está um revolucionário sistema de computadores.

## ON THE TAKE

### recebendo suborno

*Incredible as it may seem, both the governor and vice-governor were* ***on the take*** *from construction companies.*
Por mais incrível que pareça, tanto o governador como o vice-governador recebiam propina das construtoras.

## ON THE TIP OF ONE'S TONGUE

### na ponta da língua

*The name of that actress was* ***on the tip of my tongue****, but I couldn't remember it.*
O nome daquela atriz estava na ponta da língua, mas eu não conseguia me lembrar.

## ON THE UP AND UP

### em ascensão

*'Brazil is* ***on the up and up****,' said the Chinese ambassador.*
"O Brasil está em ascensão", disse o embaixador da China.

## ON THE WAGON

### sem beber

*My husband has been* ***on the wagon*** *for 23 days.*
Meu marido está sem beber há 23 dias.

## ON THE WARPATH

### irritado, bravo, em pé de guerra

*The last thing the President needed at the moment was an outraged opposition leader* ***on the warpath****.*
A última coisa que o Presidente desejava naquele momento era um indignado líder da oposição em pé de guerra.

## ON THE WAY

a caminho

*I met them **on my way** to work.*
Eu os encontrei no caminho para o meu serviço.

## ON THE WHOLE

ao todo, no geral

*The play has its moments but **on the whole** it's a bit disappointing.*
A peça tem lá seus bons momentos, mas no geral é um tanto decepcionante.

## ON THIN ICE

em perigo

*She knew her marriage was **on thin ice**.*
Ela sabia que o seu casamento corria perigo.

## ON TIME

na hora

*The plane took off right **on time**.*
O avião decolou bem na hora.

## ON TIPTOE

na ponta dos pés

*I had to stand **on tiptoe** to see them.*
Eu tive que ficar na ponta dos pés para vê-los.

## ON TOP OF THAT

e ainda por cima, e se não bastasse

*He was fired and **on top of that** his wife left him.*
Ele foi despedido e, ainda por cima, sua esposa o abandonou.

## ON TRIAL

em julgamento

*The guilt of a person who is **on trial** must be proved beyond reasonable doubt.*
A culpa de uma pessoa que esteja em julgamento tem que ser provada sem deixar nenhuma dúvida.

em experiência

*He knew he was still **on trial**, and could be dismissed at any moment.*
Ele sabia que ainda estava em período de experiência e podia ser dispensado a qualquer momento.

## ON VACATION

de férias

*We were **on vacation** when this picture was taken.*
Estávamos de férias quando esta foto foi batida.

## ON VIEW

à vista, em exposição

*The portrait of Henry VIII was among the works **on view**.*
O retrato de Henrique VIII estava entre as obras expostas.

## ONCE AND FOR ALL

de uma vez por todas

*Let's settle our differences, **once and for all**.*
Vamos resolver nossas diferenças de uma vez por todas.

## ONCE UPON A TIME

era uma vez

***Once upon a time** there was a poor little girl who lived in the forest…*
Era uma vez uma menininha que morava na floresta...

## OUT AND ABOUT

em forma

*Mr. Collins left the hospital a couple of days ago and is **out and about** again.*
O senhor Collins saiu do hospital faz uns dois dias e está em forma de novo.

para cima e para baixo, de um lado para outro

*You're free to go **out and about** as much as you wish, Mrs. Frost.*
A senhora tem toda a liberdade de sair para onde a senhora quiser, senhora Frost.

## OUT OF A CLEAR SKY

subitamente, de repente

*As soon as he got to his office he was fired **out of a clear sky.***
Assim que ele entrou no escritório, ele foi despedido sem mais nem menos.

## OUT OF ACTION

quebrado

*My cell phone is **out of action.***
Meu celular está quebrado.

## OUT OF BOUNDS

### proibido

*This area is **out of bounds** to pedestrians.*
Esta área é proibida para pedestres.

## OUT OF BREATH

### sem fôlego

*At the end of the first half the player was already **out of breath**.*
No fim do primeiro tempo o jogador já estava sem fôlego.

## OUT OF CHARACTER

### em desacordo, não combinando

*He asked to be buried face down, something completely **out of character**.*
Ele pediu para ser enterrado de bruços, algo que não combinava em absoluto com ele.

## OUT OF CIRCULATION

### fora de circulação

*When you take money **out of circulation** you help to reduce inflation.*
Quando se tira dinheiro de circulação, ajuda-se a reduzir a inflação.

## OUT OF COMMISSION

quebrado, sem condições de funcionamento

*My computer has been **out of commission** for almost two weeks.*
Meu computador está quebrado já faz quase duas semanas.

## OUT OF CONTROL

fora do controle

*They had to call the police because she was completely **out of control**.*
Tiveram que chamar a polícia porque ela estava completamente fora de controle.

## OUT OF DANGER

fora de perigo

*Thank God! The poor child is **out of danger** now!*
Graças a Deus! A pobre criança está fora de perigo agora!

## OUT OF DEBT

sem dívidas

*All I want is to stay **out of debt**.*
Eu só quero ficar longe de dívidas.

## OUT OF EARSHOT

fora do alcance

*Once I was **out of earshot** I said to myself 'He'll never make it'.*
Assim que eu me vi longe dele, eu disse para mim mesmo: "Ele não vai conseguir".

## OUT OF FASHION

fora de moda

*Those jokes are completely **out of fashion.***
Aquelas piadas estão completamente fora de moda.

## OUT OF IT (ALL)

por fora, deslocado

*It seems he always feels **out of it** and his parents don't know what to do.*
Parece que ele sempre se sente deslocado e seus pais não sabem o que fazer.

## OUT OF LUCK

sem sorte

*Shoplifters are **out of luck** at that market.*
Os ladrões de loja estão sem sorte naquele mercado.

## OUT OF ONE'S ELEMENT

fora do seu ambiente

*I was feeling **out of my element** at the party.*
Eu estava me sentindo fora do meu ambiente na festa.

## OUT OF ONE'S MIND

louco, maluco

*Why did you do that? Are you **out of your mind**?*
Por que você fez aquilo? Você está louco?

## OUT OF ORDER

quebrado

*The escalator was **out of order**. We had to use the stairs.*
A escada rolante estava quebrada. Tivemos de usar a escada normal.

## OUT OF PLACE

fora de lugar, deslocado

*I was feeling kind of **out of place** there.*
Eu estava me sentindo um tanto deslocado ali.

## OUT OF PRACTICE

fora de forma, destreinado

*I could still ride, of course, but now I was* ***out of practice****.*
Eu ainda podia cavalgar, é claro, mas agora estava fora de forma.

## OUT OF PRINT

esgotado

*If there's a book that is never* ***out of print****, it is the Bible.*
Se há um livro que nunca está esgotado, é a Bíblia.

## OUT OF REACH

fora do alcance

*Don't forget to store those tablets* ***out of reach*** *of the children.*
Não se esqueça de guardar esses comprimidos fora do alcance das crianças.

## OUT OF SEASON

fora da estação

*Persimmons are more expensive* ***out of season****.*
Caqui fora da estação é mais caro.

## OUT OF SERVICE

fora de funcionamento

*The escalator is temporarily* ***out of service.***
A escada rolante não está funcionando no momento.

## OUT OF SHAPE

fora de forma

*I hadn't realized how* ***out of shape*** *I was until I started climbing up the stairs.*
Eu não tinha percebido como eu estava fora de forma até começar a subir as escadas.

## OUT OF SIGHT

longe da vista

*She was about fifteen feet ahead of me and almost* ***out of sight*** *in the fog.*
Ela estava cerca de cinco metros à minha frente e quase invisível por causa da neblina.

## OUT OF SORTS

irritado, insatisfeito, mal

*What's the matter with you? You look quite* ***out of sorts!***
O que há com você? Você está parecendo mal!

## OUT OF SQUARE

fora de esquadro, em desacordo, irregular

*The witness's information is* ***out of square*** *with the police report.*
As informações da testemunha não batem com o relatório policial.

## OUT OF STEP

em desacordo, fora de sintonia

*Those politicians are completely* ***out of step*** *with the people that elected them.*
Esses políticos estão completamente dissociados das pessoas que os elegeram.

## OUT OF STOCK

fora de estoque, em falta

*We're* ***out of stock*** *on cashmere pullovers at the moment.*
Estamos em falta de pulôveres de caxemira no momento.

## OUT OF SYNCH

fora de sintonia, em descompasso

*It was clear that the audio was* ***out of synch*** *with the image.*
Estava claro que o áudio não estava em sintonia com a imagem.

## OUT OF THE ARK

fora de moda, ultrapassado

*The computers they donated are **out of the ark**.*
Os computadores que foram doados já estão ultrapassados.

## OUT OF THE BLUE

inesperadamente

*We were having dinner when **out of the blue** she said she was pregnant.*
Nós estávamos jantando quando ela, sem mais nem menos, disse que estava grávida.

## OUT OF THE BOX

irracional, fora dos padrões normais

*We won't be able to do it unless we think **out of the box**.*
Nós não vamos conseguir fazer isso a menos que pensemos num jeito completamente diferente.

## OUT OF THE CORNER OF ONE'S EYE

de relance, olhando

***Out of the corner of her eye** she saw when Jeff winked at Mary.*
De relance, ela viu quando Jeff piscou para Mary.

## OUT OF THE FRYING PAN INTO THE FIRE

de mal a pior

*Our business was going **out of the frying pan into the fire**.*
Nosso negócio estava indo de mal a pior.

## OUT OF THE HOLE

sem dívidas, livre de dificuldades financeiras

*With the loan he got from the bank he expected to come **out of the hole** soon.*
Com o empréstimo que ele obteve do banco, ele esperava acabar com suas dívidas logo.

## OUT OF THE LOOP

por fora, sem conhecimento

*He swore he was **out of the loop** and could give no information about the secret negotiations.*
Ele jurou que não estava a par do assunto e não poderia dar nenhuma informação sobre as negociações secretas.

## OUT OF THE MOUTHS OF BABES

com a inocência e a simplicidade das crianças

*Tommy is only five but he said, **out of the mouths of babes**, that aunt Sarah never listens to anybody.*
Tommy só tem cinco anos, mas disse, com a simplicidade das crianças, que a tia Sarah nunca ouve ninguém.

## OUT OF THE ORDINARY

fora do comum

*If you see anything **out of the ordinary**, please report to the staff.*
Se alguém vir qualquer coisa fora do normal, por favor, avise os funcionários.

## OUT OF THE PICTURE

não envolvido

*I don't think he'll be of any use to us, as he's been **out of the picture** for months.*
Acho que ele não vai ter nenhuma utilidade para nós, já que está afastado do caso há meses.

## OUT OF THE QUESTION

### fora de questão

*'A reconciliation is now totally **out of the question,**' she said.*
"Uma reconciliação agora está totalmente fora de questão", ela disse.

## OUT OF THE RAIN

### longe do problema, fora da encrenca

*I wish you did something sensible for once and came in **out of the rain.***
Eu gostaria que você dessa vez tivesse uma atitude sensata e se livrasse desse problema.

## OUT OF THE RED

### sem dívidas

*Don't count on me to help you get **out of the red.***
Não conte comigo para ajudá-lo a sair do vermelho.

## OUT OF THE RUNNING

### fora da competição, sem chance de vitória

*It's too soon to say that anyone is **out of the running.***
Ainda é cedo demais para dizer que alguém está fora do páreo.

## OUT OF THE SWIM OF THINGS

por fora dos acontecimentos

*While I was abroad, I got **out of the swim of things.***
Enquanto eu fiquei fora do país, eu perdi contato com o que estava acontecendo por aqui.

## OUT OF THE WAY

longe do caminho

*He was glad she was **out of the way** now.*
Ele estava contente que ela agora estava fora do caminho.

## OUT OF THE WOODS

fora de perigo

*Your financial situation is a little better now, but you may have to wait a few months before you are entirely **out of the woods.***
Sua situação financeira está um pouco melhor agora, mas talvez seja necessário esperar mais alguns meses antes de estar totalmente a salvo.

## OUT OF THIN AIR

vindo do nada

*All of a sudden he showed up **out of thin air**.*
De repente, ele apareceu como que vindo do nada.

## OUT OF THIS WORLD

do outro mundo, fantástico

*She prepared a turkey that was **out of this world**.*
Ela preparou um peru que estava uma delícia.

## OUT OF TOUCH

sem contato

*I've been **out of touch** with her for ages!*
Eu não tenho contato com ela há séculos!

## OUT OF TUNE

desafinado, fora de sintonia

*He has become quite popular in spite of singing horribly **out of tune**.*
Ele se tornou bem popular, apesar de cantar muito desafinado.

## OUT OF USE

### fora de uso

*The mill went **out of use** shortly after the war.*
O moinho deixou de ser usado pouco depois da guerra.

## OUT OF WHACK

### tolo, bobo, louco

*Salvador Dali was not **out of whack**. He was ... eccentric!*
Salvador Dali não era louco. Era... excêntrico!

### quebrado, com defeito

*My computer is **out of whack**.*
Meu computador está quebrado.

## OUT OF WORK

### desempregado

*He's been **out of work** for months now.*
Faz meses que ele está desempregado.

## OUT ON A LIMB

### sozinho, sem apoio

*I felt as if I was **out on a limb**, with no one to look to.*
Eu me sentia como se estivesse sozinho, sem ninguém a quem recorrer.

## OUT ON BAIL

em liberdade devido ao pagamento de fiança

*That man, who has been accused of murdering a five-year-old girl in Dallas, Texas, is now* ***out on bail.***
Aquele homem, que foi acusado de assassinar uma garota de cinco anos na cidade de Dallas, no Texas, foi solto sob fiança.

## OVER AND ABOVE

além

*I believe there is something else,* ***over and above*** *this life.*
Eu acredito que existe algo mais além desta vida.

## OVER HERE

aqui

*'Where are you?'* ***'Over here!'***
"Onde você está?" "Aqui!"

## OVER ONE'S DEAD BODY

só passando por cima do cadáver

*'What? Take my children away?* ***Over my dead body!'***
"O quê! Levar meus filhos embora? Só passando por cima do meu cadáver!"

## OVER THE HILL

ultrapassado

*Nowadays you are **over the hill** at 25, let alone 40.*
Hoje em dia, você já está ultrapassado aos 25, quanto mais aos 40.

## OVER THE HUMP

na parte mais difícil

*Fortunately we're **over the hump** now.*
Felizmente, já passamos pelo mais difícil.

## OVER THERE

lá

*Ask that man **over there**.*
Pergunte àquele homem ali.

R

## ROUND ABOUT

mais ou menos, aproximadamente

*We'll be back here **round about** eight.*
Nós vamos estar de volta lá pelas oito.

## ROUND THE BEND

louco

*She must have been a little* ***round the bend*** *to marry him.*
Ela devia estar louca para se casar com ele.

## ROUND THE CORNER

próximo, pertinho, virando a esquina

*The brown leaves on the trees meant that autumn was* ***round the corner.***
As folhas marrons nas árvores indicavam que o outono estava chegando.

*They have just opened up a new Japanese restaurant* ***round the corner.***
Acabaram de abrir um restaurante japonês aqui pertinho.

## THROUGH HELL AND HIGH WATER

T

por muitas dificuldades

*He knew he would have to go* ***through hell and high water*** *to be accepted into the university.*
Ele sabia que teria que enfrentar mil obstáculos para ser aceito na universidade.

## THROUGH THE NOSE

em excesso, demais

*She paid **through the nose** for those earrings.*
Ela pagou uma nota por aqueles brincos.

## THROUGH THICK AND THIN

apesar de tudo

*The three brothers always stuck together **through thick and thin**.*
Os três irmãos sempre permaneceram juntos, apesar de todas as dificuldades.

## TO A GREAT EXTENT/TO SOME EXTENT

em grande parte

*The water we drink is **to a great extent** contaminated by those pollutants.*
A água que bebemos fica em grande parte contaminada por esses poluentes.

até certo ponto

***To some extent** he was a victim of his own success.*
Até certo ponto, ele foi uma vítima do seu próprio sucesso.

## TO AND FRO

### de um lado para o outro

*Stop walking* ***to and fro*** *in that ridiculous costume!*
Pare de andar de um lado para outro nessa fantasia ridícula!

## TO BOOT

### e ainda por cima

*She was a very beautiful lady and extremely talented* ***to boot!***
Ela era uma moça muito bonita e ainda por cima muito talentosa!

## TO DATE

### até agora

***To date,*** *no satisfactory explanation has been given for what happened.*
Até agora não foi dada nenhuma explicação satisfatória para o que aconteceu.

## TO NO AVAIL

de nenhuma serventia, por nada, sem resultado

*Threats were tried, but **to no avail**.*
Foram feitas ameaças, mas sem resultado nenhum.

## TO SOMEONE'S ADVANTAGE

vantajoso para alguém

*It will be **to your advantage** to sell your stocks now.*
Será vantajoso para você vender suas ações agora.

## TO SOMEONE'S LIKING

do gosto de alguém

*Their decision couldn't have been more **to my liking**.*
A decisão deles não poderia ter me agradado mais.

## TO THE BEST OF ONE'S ABILITY

da melhor maneira possível

*I tried to explain the situation to them **to the best of my ability**.*
Eu tentei explicar a situação para eles da melhor maneira possível.

## TO THE BEST OF ONE'S KNOWLEDGE

até onde se sabe

*He's never been on drugs,* ***to the best of my knowledge.***
Que eu saiba, ele nunca usou drogas.

## TO THE BEST OF ONE'S MEMORY

que eu me lembre

***To the best of my memory,*** *he never lived in Sabará.*
Que eu me lembre, ele nunca morou em Sabará.

## TO THE BITTER END

até o fim

*He vowed to fight* ***to the bitter end*** *against those terrorists.*
Ele jurou lutar até o fim contra aqueles terroristas.

## TO THE CONTRARY

em contrário

*In spite of rumors* ***to the contrary,*** *the Pope is well and kicking.*
Apesar dos boatos em contrário, o Papa vai muito bem de saúde.

## TO THE CORE

completamente, profundamente

*He offended her **to the core** when he said that.*
Ela ficou profundamente ofendida com o que ele disse.

## TO THE ENDS OF THE EARTH

até o fim do mundo

*He was determined to go **to the ends of the earth** to find her.*
Ele estava decidido a ir até o fim do mundo para encontrá-la.

## TO THE LAST

até o fim

*The soldiers were ordered to remain at their posts **to the last**.*
Os soldados receberam ordens de permanecer em seus postos até o fim.

## TO THE LETTER

ao pé da letra, fielmente

*As usual, he followed the instructions **to the letter**.*
Como sempre, ele seguiu as instruções ao pé da letra.

## TO THE MINUTE

em ponto

*The train left at 8:33* ***to the minute.***
O trem partiu exatamente às oito e trinta e três da manhã.

## TO THE TUNE OF SOME MONEY

na casa de uma certa quantia de dinheiro

*Last year we had a net profit to* ***the tune of*** *about* ***$200 million.***
No ano passado nós tivemos um lucro líquido de cerca de 200 milhões de dólares.

U

## UNDER A CLOUD OF SUSPICION

debaixo de uma nuvem de suspeita

*After the video was shown on TV, even high magistrates are now* ***under a cloud of suspicion.***
Depois que o vídeo foi mostrado na TV, até mesmo juízes da mais alta corte são agora suspeitos.

## UNDER ARREST

preso

*The mayor is now* ***under arrest*** *and facing corruption charges.*

O prefeito agora está preso sendo acusado de corrupção.

## UNDER CANVAS

### em uma barraca, acampando

*Because of the flood that destroyed their homes they had to live **under canvas** for almost two months.*
Por causa da enchente que destruiu suas casas, eles tiveram de viver em barracas por quase dois meses.

## UNDER CONSIDERATION

### sendo considerado, avaliado

*The bill he proposed is now **under consideration**.*
O projeto que ele propôs está agora sendo avaliado.

## UNDER CONSTRUCTION

### em fase de construção

*A new 5-star hotel is now **under construction** in Angra dos Reis.*
Um novo hotel cinco estrelas está sendo construído em Angra dos Reis.

## UNDER CONTROL

### sob controle

*We were relieved because everything was **under control** now.*
Ficamos aliviados porque agora estava tudo sob controle.

## UNDER DISCUSSION

### em discussão

*The military aid program for Iraq is not **under discussion** anymore.*
O programa de ajuda militar ao Iraque não está mais em discussão.

## UNDER FIRE

### sob fogo cerrado

*Israeli cities have been **under fire** from Hamas fighters for years now.*
As cidades israelenses estão sob fogo cruzado dos combatentes do Hamas há anos.

### ser criticado

*Aromatherapists often come **under fire** from doctors.*
Os aromaterapeutas são frequentemente criticados por médicos.

## UNDER GUARANTEE

sob garantia

*I'm afraid our TV set is not* ***under guarantee*** *anymore.*
Acho que a nossa TV não está mais na garantia.

## UNDER INVESTIGATION

sob investigação

*His allegations are* ***under investigation.***
Suas alegações estão sendo investigadas.

## UNDER NEW MANAGEMENT

sob nova direção

*Bernie's Café has been* ***under new management*** *since October.*
O Bernie's Café está sob nova direção desde outubro.

## UNDER NORMAL CONDITIONS

em condições normais

*The airport is now operating* ***under normal conditions.***
O aeroporto agora está operando em condições normais.

## UNDER OFFER

que recebeu uma oferta

*His apartment is **under offer**.*
Fizeram uma oferta pelo apartamento dele.

## UNDER ONE'S BREATH

em voz baixa

*'Go to hell,' he muttered **under his breath**.*
"Vá para o inferno", ele resmungou baixinho.

## UNDER PRESSURE

sob pressão

***Under pressure**, we may be tempted to do things we will regret later.*
Sob pressão, podemos ser tentados a fazer coisas das quais nos arrependeremos mais tarde.

## UNDER REPAIR

em reparos

*The old church is now **under repair**.*
A velha igreja agora está em reparos.

## UNDER SOMEONE'S LEADERSHIP

sob a liderança de alguém

***Under his leadership*** *our country has become stronger.*
Sob sua liderança, nosso país se tornou mais forte.

## UNDER SOMEONE'S VERY NOSE

debaixo do nariz de alguém

*He managed to steal my wallet* ***under my very nose!***
Ele conseguiu roubar minha carteira bem debaixo do meu nariz!

## UNDER SUCH CIRCUMSTANCES

nessas circunstâncias

***Under such circumstances*** *I would have done the same myself.*
Diante de tais circunstâncias, eu também teria feito a mesma coisa.

## UNDER THE BATON

sob a regência, sob a direção

*The Chicago Symphony Orchestra is now* ***under the baton*** *of Daniel Barenboim.*
A Orquestra Sinfônica de Chicago agora está sob a regência de Daniel Barenboim.

## UNDER THE IMPRESSION

### com a impressão

*I was **under the impression** she was a bit annoyed at the joke.*
Eu tive a impressão de que ela ficou um pouco chateada com a piada.

## UNDER THE INFLUENCE

### sob a influência

***Under the influence** of Byron, many poets also began to write sonnets.*
Sob a influência de Byron, muitos poetas também começaram a escrever sonetos.

### embriagado, bêbado

*The officer suspected the man was driving **under the influence** and told him to step out of the car.*
O policial desconfiou que o homem estava dirigindo embriagado e lhe disse para descer do carro.

## UNDER THE TABLE

### por baixo do pano, secretamente

*For every contract he signs, he gets some money **under the table.***
Para cada contrato que ele fecha, ele recebe algum dinheiro por baixo do pano.

## UNDER THE WEATHER

### indisposto, doente

*My father has been **under the weather** since June.*
Meu pai não anda bem de saúde desde o mês de junho.

## UNDER THREAT

### sob ameaça

*Today the gorilla's habitat is **under threat** by unscrupulous hunters.*
Hoje o habitat dos gorilas está ameaçado por caçadores inescrupulosos.

## UNDER TREATMENT

### em tratamento

*He has been **under treatment** for infertility for nearly a year.*
Ele está em tratamento contra infertilidade há quase um ano.

## UNDER WRAPS

### escondido, em segredo

*Her diary was kept **under wraps** for years.*
O diário dela foi mantido em segredo durante anos.

## UP AND ABOUT

### recuperado de uma doença ou acidente

*As soon as he was **up and about** he insisted on going for a walk in the park.*
Assim que melhorou ele insistiu em dar uma volta no parque.

## UP AND DOWN

### para cima e para baixo

*'The little frog,' she read, 'started leaping **up and down**, croaking loudly.'*
"A rãzinha", ela leu, "começou a pular para cima e para baixo, coaxando bem alto."

### ora de bom humor ora triste

*Ever since he left her she has been on a roller-coaster, going **up and down** from one emotional crisis to another.*
Desde que ele a deixou, ela tem estado como que numa montanha-russa, passando de uma crise emocional para outra.

## UP AND RUNNING

### a todo vapor

*Our new branch is **up and running** in the countryside with 21 employees.*

Nossa filial no interior está funcionando a todo vapor com 21 funcionários.

## UP FRONT

adiantado

*Such amount of money is rarely, if ever, paid **up front**.*
Uma quantia de dinheiro assim raramente é paga com antecedência.

## UP IN ARMS

pronto para lutar, em pé de guerra

*When they heard the news over the radio they were really **up in arms**.*
Quando eles ouviram a notícia no rádio, eles ficaram em pé de guerra.

## UP TO HERE WITH

furioso com, farto de

*I'm **up to here with** political corruption!*
Estou farto da corrupção política!

## UP TO ONE'S EARS

até o pescoço

*At the moment my dad's* ***up to his ears*** *in work.*
No momento, meu pai está até o pescoço de trabalho.

## UP TO SCRATCH

à altura

*Beryl was in the kitchen making sure that the lunch was* ***up to scratch.***
Beryl estava na cozinha para garantir que o almoço saísse direito.

## UP TO THE MARK

bem disposto, com saúde

*My team haven't been* ***up to the mark*** *in the tournament this year.*
Meu time não vem se saindo bem no campeonato este ano.

## UP YOURS!

expressão chula usada para demonstrar grande irritação

*He got very angry and said to the manager, '****Up yours!****'*
Ele ficou muito irritado e disse para o gerente: "Enfia no rabo!"

## UPON REQUEST

sob pedido, em caso de solicitação

*This catalogue is available at no cost **upon request**.*
Este catálogo está disponível sem nenhum custo.

W

## WELL UP IN YEARS

com bastante idade

*Grandma is **well up in years** now.*
Minha avó já está com bastante idade.

## WET BEHIND THE EARS

jovem, inexperiente

*She was a bit **wet behind the ears** back then.*
Ela era um pouco inexperiente naquela época.

## WHAT ON EARTH

o que

***What on earth** is he doing here?*
O que ele está fazendo aqui???

## WHO ON EARTH

quem

***Who on earth** wrote that on the board?*
Quem escreveu aquilo na lousa?!

## WHY ON EARTH

por que

***Why on earth** did you leave the door open?*
Por que você deixou a porta aberta?!

## WITH ARMS AKIMBO

de mãos na cintura

*She stood at the door **with arms akimbo**, looking very angry.*
Ela estava parada na porta, de mãos na cintura, parecendo muito brava.

## WITH ARMS CROSSED

de braços cruzados

*He sat **with arms crossed**, staring down at the floor.*
Ele ficou sentado de braços cruzados, olhando fixamente para o chão.

## WITH ONE ACCORD

em conjunto, juntamente

*The two sisters looked at each other and* ***with one accord*** *burst out laughing.*
As duas irmãs se olharam e, juntas, caíram na gargalhada.

## WITH ONE'S FINGERS IN THE TILL

roubando dinheiro da firma em que se trabalha

*The company finance director got caught* ***with his fingers in the till.***
O diretor financeiro foi pego roubando dinheiro da companhia.

## WITH OPEN ARMS

de braços abertos

*Come on, guys, let's welcome him* ***with open arms!***
Vamos lá, pessoal, vamos recebê-lo de braços abertos!

## WITHIN EARSHOT

ao alcance da voz

*He was obviously unaware that he was* ***within earshot*** *of his boss.*
Ele evidentemente não sabia que o seu chefe podia ouvi-lo.

## WITHIN REACH

ao alcance de

*He felt ready to conquer the world, at least the world* ***within reach.***
Ele se sentia pronto para conquistar o mundo, pelo menos o mundo ao seu alcance.

## WITHIN REASON

dentro do razoável

***Within reason**, everything's possible.*
Dentro do razoável, tudo é possível.

## WITHIN SIGHT

à vista

*He looked around but there was no land* ***within sight.***
Ele olhou em volta, mas não havia nenhuma terra à vista.

## WITHOUT SO MUCH AS A

sem sequer

*He left* ***without so much as a*** *word of apology.*
Ele foi embora sem sequer se desculpar.